MARCO POLO

ENGLAND

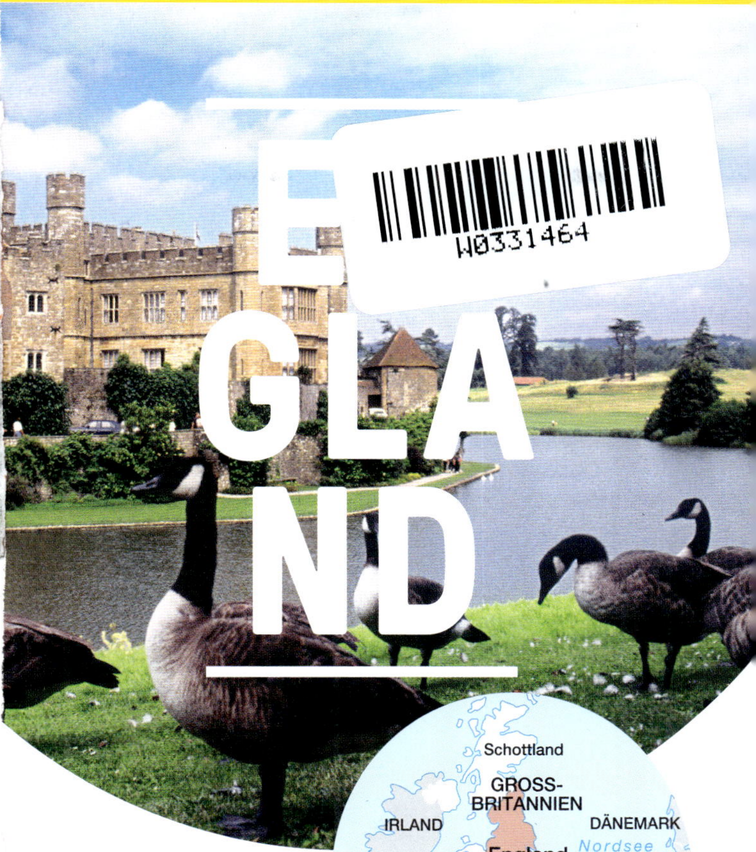

MARCO POLO KOAUTOR

Michael Pohl

Bei seiner ersten Fahrt nach Großbritannien Ende der Achtzigerjahre musste der spätere Journalist und Autor einen Reisebus anschieben, um auf die Fähre zu gelangen. Er wusste sofort: Was so schwer zu erreichen ist, muss einfach besonders sein. Er entdeckte das Land, verliebte sich in die Stadt Bristol und berichtet seitdem in Büchern, Blogs, Tageszeitungen und Magazinen über seine Zweitheimat.

DIE TOUREN-APP

zu den Erlebnistouren zeigt, wo's langgeht: inklusive Tourenverlauf und Offline-Karte

EVENTS & NEWS

Schnell die wichtigsten Infos auf dem Smartphone: Events, News, neue Insider-Tipps und ggf. aktualisierte Erlebnistouren als PDF zum Downloaden

SYMBOLE

- INSIDER TIPP — Insider-Tipp
- ★ — Highlight
- ●●●● — Best of ...
- Schöne Aussicht
- Grün & fair: für ökologische oder faire Aspekte
- (*) Kostenpflichtige Telefonnummer

PREISKATEGORIEN HOTELS

€€€	über 140 Euro
€€	90–140 Euro
€	unter 90 Euro

Die Preise gelten für ein Doppelzimmer einschließlich Frühstück in der Hochsaison

PREISKATEGORIEN RESTAURANTS

€€€	über 40 Euro
€€	20–40 Euro
€	unter 20 Euro

Die Preise gelten für ein Gericht mit Vorspeise oder Nachtisch ohne Getränke

GUT ZU WISSEN
Geschichtstabelle → S. 14
Spezialitäten → S. 28
Public Schools → S. 58
Lesehunger & Augenfutter → S. 65
Feiertage → S. 117
Währungsrechner → S. 123
Wetter → S. 124
Was kostet wie viel? → S. 125
Aussprache → S. 126

KARTEN IM BAND
(132 A1) Seitenzahlen und Koordinaten verweisen auf den Reiseatlas
(0) Ort/Adresse liegt außerhalb des Kartenausschnitts
Es sind auch die Objekte mit Koordinaten versehen, die nicht im Reiseatlas stehen
(U A1) Koordinaten für die Karte von London im hinteren Umschlag
(*A–B 2–3*) verweist auf die herausnehmbare Faltkarte
(*a–b 2–3*) verweist auf die Zusatzkarte auf der Faltkarte

UMSCHLAG VORN:
Die wichtigsten Highlights

UMSCHLAG HINTEN:
Stadtplan London

Die besten MARCO POLO Insider-Tipps

Von allen Insider-Tipps finden Sie hier die 15 besten

INSIDER TIPP Schlafen wie ein Burgherr
In der Bishop's Suite in *The Castle* in Durham: Wer sich in den ehrwürdigen Gemächern zur Ruhe begibt, fühlt sich um Jahrhunderte zurückversetzt → S. 35

INSIDER TIPP Ein Muss für David-Hockney-Fans
Saltaire: einstiger Musterort für Industriearbeiter, heute größte David-Hockney-Ausstellung (Foto re.) → S. 39

INSIDER TIPP Schlafwagen
Dieser Bus kommt nie zu spät: Der *South Causey Inn* in Stanley lässt Sie in einem roten Doppeldecker übernachten → S. 35

INSIDER TIPP Hochherrschaftliches Anwesen
Seaton Delaval Hall ist Englands bedeutendstes Barocklandhaus, dessen Pracht auch Feuer, Belagerungen und Pleiten nichts anhaben konnten → S. 48

INSIDER TIPP Hügelig, grün und unentdeckt
Die ländliche Grafschaft *Shropshire* ist eine herrliche Hügellandschaft und vom Tourismus noch relativ unberührt → S. 52

INSIDER TIPP Dinner mit Aussicht
Der Aufstieg kann einen schon aus der Puste bringen, aber der Blick auf die Hügel und die malerischen Dörfer der Cotswolds ist im *Mount Inn* in Stanton einfach genial – ebenso wie das Essen → S. 58

INSIDER TIPP Urige Markthallen
Alle reden von der Uni – aber Oxford hat auch einen bunten, trubeligen *Markt*, der mindestens ebenso besuchenswert ist wie die altehrwürdigen Colleges → S. 61

INSIDER TIPP Kinderbuchklassiker
Kinderbücher aus England sind in aller Welt berühmt – das Original von „Winnie the Pooh" ist in der Bibliothek des *Trinity Colleges* in Cambridge zu sehen → S. 69

INSIDER TIPP Günstig ins Musical

Londons West End ist die Heimat vieler alter Musicaltheater – für fast alle von ihnen bekommen Sie beim *TKTS-Häuschen* am Leicester Square vergünstigte Karten → S. 86

INSIDER TIPP Ein Drink in luftigen Höhen

Im Dachgarten des Londoner *Trafalgar Hotel* können Sie der Säulenfigur Lord Nelson bei einem Drink tief in die Augen sehen → S. 86

INSIDER TIPP Immer an der Küste entlang

Der *North Norfolk Coast Path* (Foto li.) führt zu Sandstränden, in herrliche Naturschutzgebiete und zur anschließenden Stärkung in urige Pubs → S. 111

INSIDER TIPP Oxford-Tour für jeden Geldbeutel

In Oxford bietet *Footprint Tours* einen grundsätzlich kostenlosen Stadtrundgang an – am Ende zahlt man nur das, was man will → S. 59

INSIDER TIPP Willkommen an Bord der Concorde

Der Flughafen von Manchester ist der größte Airport außerhalb Londons und bietet mehr als Flüge: In einem kleinen Museumspark steht eine echte *Concorde*, die im Rahmen von Führungen besichtigt werden kann → S. 43

INSIDER TIPP Antiquitäten ohne Ende

Long Melford ist das Paradies für alle, die gerne alte Schätzchen heben, denn der kleine Ort besitzt nicht nur eine hübsche, etwas überdimensionierte Pfarrkirche, sondern auch jede Menge Antiquitätengeschäfte → S. 74

INSIDER TIPP Eine Nacht hinter Klostermauern

Gesegnete Ruhe garantiert: Die Nonnen des Ordens Hl. Jungfrau Maria betreiben das *Bar Convent* in York, das älteste noch bewohnte Kloster Englands, als Bed & Breakfast → S. 49

BEST OF ...

TOLLE ORTE ZUM NULLTARIF

Neues entdecken und den Geldbeutel schonen

SPAREN

Trainspotting im Museum

Das *National Railway Museum* in York ist ein Paradies für Trainspotter: Mit mehr als 100 historischen Loks und vielen anderen Exponaten ist es das größte Museum seiner Art in England und kostet keinen Eintritt → S. 49

Britische Supermarktgeschichte

Marks & Spencer ist eine britische Kaufhausikone – wie alles begann, zeigt das *Firmenmuseum* in Leeds. Und mehr noch: Es ist ein Gratisblick in die Gesellschaftswandlung der vergangenen 100 Jahre → S. 38

Chormusik der Spitzenklasse

Der *Chor des King's College Cambridge* zählt zu den besten Chören des Lands. Während des Semesters haben Sie fast täglich im Rahmen der Gottesdienste in der Collegekapelle Gelegenheit, ihm live und umsonst zu lauschen → S. 73

Kunst im Freien

Verbinden Sie einen Spaziergang an der frischen Luft mit Werken bedeutender Künstler: Der *North Yorkshire Sculpture Park* ist nicht nur ein wunderschönes Gelände, dort stehen auch viel beachtete Plastiken. Und der Eintritt ist frei → S. 39

Collegeluft schnuppern

Die meisten der altehrwürdigen Hochschulen im Land können Sie besichtigen, jedoch nur gegen Eintrittsgebühr. Das *Trinity College* (Foto) in Cambridge öffnet Ihnen immerhin seine Bibliothek kostenlos – und einen Teil des Geländes → S. 69

Gratiskonzert in Bath

England ist bekannt für seine hochkarätigen Musikfestivals, die in der Regel auch ein kostspieliges Vergnügen sind. Schauen Sie ins Programm, meist sind einzelne Punkte kostenlos, wie etwa das Eröffnungskonzert im Royal Victoria Park des *Bath International Music Festival,* das der Auftakt der jährlichen Veranstaltungsreihe ist → S. 116

Diese Punkte zeichnen in den folgenden Kapiteln die Best-of-Hinweise aus

TYPISCH ENGLAND

Das erleben Sie nur hier

● *Auf ein Pint in den Pub*

Egal ob Sie Bier mögen oder nicht – was zählt, ist die Atmosphäre in einem echten englischen Pub. Je kleiner und älter, desto originaler, wie das *Eagle & Child* in Oxford. Bestellen Sie (am Tresen!) ein Pint *real ale*, das lange Zeit meistgetrunkene Bier im Pub → S. 61

● *Kahnfahren auf Studentenart*

Der liebste Zeitvertreib unter Studenten ist auch eine tolle Abwechslung für Besucher: Mieten Sie sich z. B. in Cambridge ein *Boot* und „punten" Sie den Fluss entlang → S. 69

● *Zu Gast im Privathaus*

Vor allem in Touristengegenden bieten Ihnen zahlreiche Familien unter dem Motto Bed & Breakfast (B&B) eine Unterkunft – mal mehr, mal weniger komfortabel, immer aber mit einem fulminanten warmen Frühstück (Foto) – wie im *Harriet House* in Canterbury → S. 84

● *Küstenimpressionen*

Einer der schönsten Küstenabschnitte Englands sind die weißen *Klippen von Dover*, die für Fährreisende vom europäischen Festland oftmals der erste – und prägendste – Eindruck der Insel sind → S. 84

● *Die Heimat der Fab Four*

England ist die Heimat unzähliger Popgruppen, die bekannteste und wahrscheinlich bedeutendste stammte aus Liverpool: The Beatles. Eine geführte *Tour* bringt Sie zu allen Orten, die für die Fab Four von Bedeutung waren → S. 40

● *Hauptkirche der Anglikaner*

Die *Kathedrale in Canterbury* ist nicht nur Sitz der anglikanischen Kirche, sondern mit ihren einzigartigen Glasfenstern auch eines der schönsten Gotteshäuser im Land, das Sie nicht verpassen sollten → S. 83

● *Neues Leben in alten Häfen*

Bristol war einst eine bedeutende Hafenstadt. Dann wurden die Schiffe so groß, dass sie nicht mehr in den Hafen einlaufen konnten. Inzwischen wurden die *Docks* wie viele andere im Land restauriert und avancierten zur beliebten Kultur- und Partymeile → S. 81

TYPISCH

BEST OF ...

SCHÖN, AUCH WENN ES REGNET

Aktivitäten, die Laune machen

REGEN

● *Britische Geschichte*

Es ist das Museum der Museen in England – und kaum an einem Tag zu schaffen. Das *British Museum* in London gibt Aufschluss über die kulturelle Geschichte einer ganzen Nation, ist gespickt mit beachtenswerten Ausstellungsstücken und zudem abwechslungsreich aufbereitet → S. 85

● *Günstig einkaufen*

Nutzen Sie einen Regentag zum Einkaufen – und Sparen. Meist an den großen Autobahnen und in der Nähe größerer Städte schießen Outlet-Malls aus dem Boden, in denen Markenprodukte zu reduzierten Preisen verkauft werden, u. a. die *Lowry Outlet Mall* in den Salford Quays in Manchester → S. 43

● *Ab in den Berg*

Die *Wookey Hole Caves* in Somerset zählen zu den beeindruckendsten Höhlen Großbritanniens (Foto). Ideal bei Regen – denn von der Sonne hätten Sie hier unten ohnehin nichts → S. 115

● *Tropen unter Glas*

Draußen Regen, drinnen Regenwald: Im *Eden Project* in Cornwall wird in einem Tropenwaldareal unter Kunststoffkuppeln die Nachhaltigkeit menschlichen Tuns anschaulich demonstriert → S. 91

● *Wo Königin Victoria residierte*

England ist reich an Burgen und Herrenhäusern. Ein besonders schönes und großes können Sie auf der Isle of Wight besichtigen: *Osborne House,* das Königin Victoria als Sommersitz diente → S. 89

● *Klettern im Kirchenschiff*

Das *Newcastle Climbing Centre* ist eines der größten Indoor-Kletterzentren in Nordengland – und noch dazu ein ganz besonderes: Sie gehen in einer ehemaligen Kirche die Wände hoch → S. 46

ENTSPANNT ZURÜCKLEHNEN

Durchatmen, genießen und verwöhnen lassen

ENTSPANNT

● ***Baden wie die Römer***

In Bath haben sich die Römer einst an der Thermalquelle erholt – seit ein paar Jahren können Sie es ihnen gleichtun. Das *Thermae Bath Spa* ist ein sehr aufwendig gestaltetes Thermalbad. Höhepunkt: relaxen im Dachpool unter freiem Himmel (Foto) → S. 80

● ***Shakespeare in Stratford-upon-Avon***

Stratford lebt davon, Geburtsstadt Shakespeares zu sein. Die *Royal Shakespeare Company* hat sich dessen Erbe verpflichtet und verwöhnt ihre Zuschauer regelmäßig in den Theatern Stratfords mit hochkarätigen Aufführungen – einfach zurücklehnen und genießen! → S. 56

● ***Mit dem Solarboot übern See***

Die *Norfolk Broads* zählen zu den größten Feuchtgebieten Englands und sind zudem ein Paradies für Vogelliebhaber. Auf der Seenplatte können Sie sich per Sonnenkraft umherschippern lassen und die einmalige Landschaft vom Wasser aus genießen → S. 77

● ***It's Tea Time!***

Die Tradition des *afternoon teas* (eine vereinfachte Form nennt sich *cream tea*) wird auch heute noch gepflegt. Besonders exquisit werden Sie nachmittags im Londoner *Langham Hotel* verwöhnt: Tee, Sandwiches, Gebäck und ein Glas Champagner helfen, die Zeit zwischen Mittag- und Abendessen zu überbrücken → S. 87

● ***Wellness mit Stil***

Wenn Ihnen nach anstrengendem Sightseeing der Sinn nach Erholung in stilvollem Ambiente steht, sollten Sie in *Middlethorpe Hall & Spa* in York absteigen, einem Landsitz mit großem Garten und Wellnessbereich → S. 50

● ***Strandtag***

Auch in England gibt es Tage voller Sonnenschein, ganz ohne Regenschauer, die perfekt für einen faulen Strandtag sind. *Bournemouth* an der Südküste bietet Ihnen feinsten Sand, sauberes Wasser und alle Annehmlichkeiten eines Seebads → S. 88

AUFTAKT

ENTDECKEN SIE ENGLAND!

Kennen Sie England aus Rosamunde Pilchers Erzählungen? Von Miss Marples Fällen? Aus ***James-Bond-Filmen***, von Berichten über das Königshaus und ein bisschen auch aus den Sketchen der Komikergruppe Monty Python? Dann seien Sie gewarnt: England ist einerseits wirklich so – und doch mitunter ganz anders. Die einstige Weltmacht profitierte über Jahrhunderte ***von ihrer Insellage*** und konnte sich dadurch vieles Historische bewahren – inklusive mancher (aus heutiger kontinentaleuropäischer Sicht) unüblicher Regel wie Linksverkehr oder Maßeinheiten wie Pint, Fuß oder Meile.

Und doch ist England Teil eines Lands, das sich ganz dem Fortschritt verschrieben hat. Hier wird geforscht, entwickelt und gebaut, was das Zeug hält. Die industrielle Revolution hatte auf der Insel ihren Ursprung: Hier verkehrte die ***erste Eisenbahn der Welt***, hier ging die erste U-Bahn-Linie in Betrieb, Schiffe und Fahrzeuge wurden entwickelt – aber auch wichtige Wirtschaftstheorien: Die Werke des Ökonomen John Maynard Keynes gehören heute zur Grundausbildung in jedem Wirtschaftsstudium. Und auch wenn Karl Marx den Großteil seiner Thesen nicht im englischen Exil verfasst haben soll – er liegt zumindest auf dem Highgate-Friedhof von London begraben.

Bild: Jurassic Coast, Dorset

Die sanft schwingende Millennium Bridge bietet einen tollen Blick auf die Londoner City

Die Schornsteine der großen Fabriken suchen Sie heute überwiegend vergeblich. Dienstleistung, Tourismus und Banken halten nun das Land am Laufen. London ist einer der ***wichtigsten Finanzplätze*** der Welt. In den alten Londoner Docks entstand schon vor Jahren ein komplett neuer Stadtteil für das Finanzwesen, die ***Isle of Dogs***, nach dem größten Gebäudekomplex auch Canary Wharf genannt. In diesem Zuge entwickelte sich ein ganz eigener Architekturstil, der nicht nur von viel Glas geprägt ist, sondern auch von Materialien, die ***aus unterschiedlichen Regionen*** Englands stammen: Holz, Stahl, Schiefer und anderem Gestein. Dabei vermeidet man die Bausünden der Sechziger- und Siebzigerjahre: Nicht alles wird einfach gedankenlos plattgemacht, um Neuem Platz zu schaffen. Vielmehr erhalten Architekten heute vieles, auch wenn sich schon seit Längerem ein Trend zu Hochhäusern abzeichnet. Allein in London sind für die nächsten Jahre rund hundert weitere geplant.

Die Engländer gehen nach wie vor gern in alte, rustikale Pubs – doch es entstehen am laufenden Band auch neue, moderne Restaurants. Sie sind es, die den lange als

43–61 n. Chr.
Die Römer erobern Britannien

450
Angelsachsen besiedeln England, Cornwall bleibt keltisch

1066
Schlacht von Hastings. Durch den Sieg der Normannen wird Wilhelm der Eroberer König von England

1534
Heinrich VIII. gründet die anglikanische Staatskirche und wird deren Oberhaupt

1642–1649
Bürgerkrieg, Hinrichtung Charles' I., England ist unter Cromwell zeitweilig republikanisch

miserabel geltenden Ruf der britischen Küche retten konnten: Allein in London etwa gibt es heute rund ***50 Sternerestaurants***. Und in jedem noch so kleinen Ort finden Sie inzwischen mit Sicherheit einen Koch, dessen Rezepte an Menüs britischer Starköche wie Jamie Oliver oder Gordon Ramsey erinnern. Auch frischer Fisch ist auf den Speisekarten längst ebenso selbstverständlich wie eine große Auswahl an vegetarischen und veganen Gerichten.

Dem englischen Wetter haftet ein ähnlich zweifelhafter Ruf an wie der Küche – aber auch das zu Unrecht. Sicher, die Britischen Inseln sind kein Garant für 14 Tage durchgängigen ***Sonnenschein***, genauso wenig, wie dies im übrigen West- und Mitteleuropa der Fall ist. Doch eines ist bewiesen: Das Wetter in England ist ***moderat, angenehm***. Es wird fast nie richtig kalt und nie richtig heiß. Selbst zwischen Regenschauern scheint immer wieder die Sonne. Außerdem ist das Klima ideal für viele Pflanzen, sogar tropische. Das Land mit den bunten Blumen an den Straßenrändern, in den herrlichen Landschaftsgärten und den pittoresken Dörfern, die aussehen, als würde gerade eine ***Gartenschau*** abgehalten, macht tatsächlich den Eindruck, als ob Heerscharen von Gartendesignern sich rund um die Uhr um das pflanzliche Wohl der Insel kümmern würden.

Bunte Blumen an den Straßenrändern

Auch Fans historischer Eisenbahnen haben in England ihre helle Freude. Besonders idyllisch ist eine Fahrt mit der ***North Yorkshire Moors Railway***, die mit einer Höchstgeschwindigkeit von 25 Meilen pro Stunde durch die Newtondale-Schlucht fährt.

1689 *Bill of Rights*: Einschränkung der Macht der Monarchie

1707 Schottland wird mit England zum Kingdom of Great Britain *(Act of Union)*

1714–1834 Das Haus Hannover auf dem britischen Thron: Georg I. ist erster König in Personalunion

1756–1763 Siebenjähriger Krieg. England wird führende See- und Kolonialmacht

1769 Patentierung der Dampfmaschine, England wird erste Industrienation

Kommt dabei der Gedanke auf, selbst aktiv zu werden, führt er direkt zum Fahrradfahren. Noch zur Jahrtausendwende war die Insel in dieser Beziehung eher verrufen. Es gab kaum Radwege, und die Kultur des Radfahrens war fast verloren gegangen. Aus Bristol aber kam die Rettung: Die gemeinnützige Organisation Sustrans trieb das National Cycle Network voran, ein Netz von inzwischen 22 500 km ***Fahrradwegen***, immerhin ein Drittel davon fernab vom Autoverkehr auf stillgelegten Bahnstrecken, in Naturschutzgebieten oder entlang von Flüssen und Kanälen. Und auch in Städten wie London steht das Radfahren heute hoch im Kurs.

Heute lässt sich das Land auch problemlos per Fahrrad entdecken

Marketingstrategen arbeiten intensiv daran, England als modernes Land mit weltbekannten Designern, Künstlern und Architekten zu vermarkten. Mit Erfolg. Prestigeträchtige Neubauten zeigen die ***Modernität englischer Städte***. In Newcastle beeindrucken am südlichen Tyne-Ufer die kühne Millennium Bridge und The Sage, ein von Sir Norman Foster entworfener Komplex mit Konzerthallen. Im Hafengebiet von Manchester entstand das Imperial War Museum North. Hier bildet ein ***aufregendes Werk*** des Stararchitekten Daniel Libeskind den Rahmen für einen kritischen Blick auf das Thema „Mensch und Krieg". In Birmingham wurde ein desolates Einkaufsviertel in der Stadtmitte erneuert und unter dem ***Beifall der Architekturkritiker*** eröffnet, genauso in Bristol, Bath, Cambridge und anderen Städten. Und auch im täglichen Leben ist vieles moderner, ja europäischer geworden. Selbst die Königin bemüht sich um Volksnähe und zahlt inzwischen sogar Steuern, was sie laut Gesetz gar nicht müsste. Spätestens seit der viel bejubelten Traumhochzeit von Prinz William und Kate Middleton im April 2011 wirkt das ***Königshaus*** angesagter denn je. Und Prinz Harry ist nicht erst durch seine Hochzeit mit der US-Amerikanerin Meghan Markle zum Superstar geworden – sein Militärdienst in Afghanistan und vor allem sein soziales Engagement haben ihn aus Sicht der Briten von allen Jugendsünden rehabilitiert. Davon gab es tatsächlich einige, die meist mit ausgelassenen Partys zu tun hatten.

Dennoch ist die Geschichte des Lands allgegenwärtig. Vielerorts stoßen Sie auf Spuren von Römern, Wikingern und Normannen. Im äußersten Norden Englands erstrecken sich die eindrucksvollen Überreste des größten römischen Monuments auf briti-

1800
Durch die Integration Irlands entsteht das Vereinigte Königreich von Großbritannien und Irland

1832
Erste Erweiterung des Wahlrechts, Schritt auf dem Weg zur Demokratie

1837–1901
Regierungszeit Queen Victorias, ihr Jubiläumsjahr (1897) gilt als Höhepunkt britischer Weltmacht

1922
Unabhängigkeit Irlands. Neuer Staatsname: Vereinigtes Königreich von Großbritannien und Nordirland

1952
Krönung Elizabeths II.

schem Boden: der Hadrian's Wall. Das südliche Bath, das zum Unesco-Weltkulturerbe zählt, ist vor allem für seine Thermalquellen aus der keltisch-römischen Zeit berühmt. Doch es sind die kleinen Begebenheiten in Ihrem Englandurlaub, die ***Geschichte lebendig werden lassen***: Wenn Sie z. B. im Lord Nelson Pub in Burnham Thorpe ein

Der New Forest im südlichen England ist Heimat wild lebender Ponys

real ale trinken und sich vorstellen, dass genau hier Lord Nelsons Abschiedsfest vor der großen Schlacht von Trafalgar stattgefunden hat. Solche ***Begegnungen mit der Vergangenheit*** sind auf der Insel keine Seltenheit. Und überall stoßen Sie auf Orte, die in Filmen und Fernsehserien weltberühmt wurden. Dazu gehören z. B. die Kathedrale in Gloucester oder der Bahnhof in Goathland, die im ersten Harry-Potter-Film als Kulisse dienten, die Straßen Londons als Drehort von James Bond, Jason Bourne oder der BBC-Serie Sherlock und natürlich die ***einzigartige Landschaft*** Cornwalls mit ihren schroffen Klippen und kleinen Fischereihäfen. Aber die kennen Sie ja vielleicht schon aus den Rosamunde-Pilcher-Verfilmungen ...

1973
Beitritt zur EU

1997
Prinzessin Diana kommt bei einem Autounfall in Paris ums Leben. Ihr Tod stürzt die Monarchie in eine ihrer schlimmsten Krisen

2015
Königin Elizabeth II. wird zur am längsten regierenden Monarchin Großbritanniens. Am 9. September stellt sie den Rekord ihrer Ururgroßmutter Queen Victoria ein

2016
Eine knappe Mehrheit der Briten stimmt in einem Referendum überraschend für den Austritt aus der EU („Brexit")

IM TREND

1 Zum Abheben

Mountainboard Auf allzu hohe Berge müssen die Engländer verzichten, auf einem Mountainboard *(Foto)* kommen einem aber auch Hügel wie der Himalaja vor. Wie Sie unbeschadet und mit Spaß durch das holprige Terrain kommen, zeigt *Another World (Keighley Road | Ogden | Halifax). Bugs Boarding (Overton Cottage | Maisemore | Gloucester | www.bugsboarding.co.uk)* besitzt einen coolen Parcours zum Testen, auch für Anfänger. Wer auf den Geschmack gekommen ist, kauft sein Brett bei den Designern von *Trampa (www.trampaboards.com).*

2 Indian Street Food

Auf die Hand Der neue Essenstrend in England ist *street food* wie in den Straßen von Bombay, Kalkutta & Co. Jakobsmuscheln mit Ingwer, Chilli-Cheese-Nuggets oder Koriander-Burger – so haben Sie noch nie indisch gegessen. Unter anderem hat sich *Chai Naasto (www.chai-naasto.co.uk)* darauf spezialisiert, eine kleine, hippe Kette mit zwei Restaurants in London und einem in Beckenham. *Mowgli Street Food (www.mowglistreetfood.com)* versucht sich mit diesem Konzept in Manchester und Liverpool, *Dabbawal* in Newcastle.

3 Doppelt hält besser

Im Club Kopf oder Körper? Diese Entscheidung müssen die Engländer bei der Freizeitgestaltung nicht mehr treffen. So vermischt das *Chessboxing (www.londonchessboxing.com) (Foto)* zwei Sportarten – Schach und Boxen. Nur, wer in beidem was draufhat, kann gewinnen. Comedy trifft Wissenschaft: Die *Bright Clubs (www.brightclub.org)* laden Komiker, Musiker oder Forscher zu kurzweiligen Debatten in Städten in ganz England ein.

In England gibt es viel Neues zu entdecken. Das Spannendste auf diesen Seiten

Château Windsor

4

Weinprobe statt Pubbesuch An Wein denken wohl die wenigsten beim Urlaub in England. Dabei pflanzen selbst die Royals mittlerweile Rebstöcke im Park von Windsor an. Bislang entsteht daraus immerhin ein viel beachteter Schaumwein. Andere sind schon weiter: so wie *Camel Valley (Nanstallon | Bodmin) (Foto)*. Mit seinen Rot-, Weiß- und Schaumweinen hat das Weingut in Cornwall schon einen ganzen Haufen alteingesessener Konkurrenten aus Frankreich, Spanien und Kalifornien abgehängt. In den Surrey Hills wachsen dagegen die Trauben des *Denbies Guts (London Road | Dorking)*. Das weitläufige Weingut können Sie bei Touren und *tastings* erkunden, und selbst bei britischem Nieselwetter lohnt ein Ausflug: Die „Indoor Winery Tour" informiert ganzjährig über die großen Schritte, die England in Sachen Rebensaft in den vergangenen Jahren gemacht hat.

Fürs kleine Geschäft

5

Umgewidmet Haben Sie schon mal in einem öffentlichen WC Kaffee getrunken? London hat aus der Not der horrenden Mieten eine Tugend gemacht und ungenutzte Toilettenanlagen einfach neuen Bestimmungen zugeführt. *The Attendant (27A Foley Street | Fitzrovia) (Foto)* ist eine hippe Kaffeebar mitten im Londoner Zentrum mit feinsten Kaffees und deftigen Kuchen – allein die Besucher nehmen an Tischen vor den früheren Urinalen Platz. Im *Temple (100 Great Bridgewater Street)* in Manchester besuchen Sie statt des stillen Örtchens eine Bar. Und in der *Cellar Door (Zero Aldwych | London)* begeistert in den früheren Toilettenräumen ein Kabarett das Publikum.

FAKTEN, MENSCHEN & NEWS

GOODBYE, EUROPE?

Die großen Europäer wollten die Briten nie sein. Dass aber am 23. Juni 2016 plötzlich eine knappe Mehrheit von 52 Prozent für den Brexit, den Austritt aus der Europäischen Union, stimmte, schockierte große Teile der Nation dann doch. Dabei war bereits der vorangegangene Wahlkampf eine Warnung an die Demokratie. Ganz bewusst hatte das Lager der EU-Gegner über Monate falsche Zahlen und Behauptungen penetriert, bis auch die stets wahrheitssuchende BBC mit Aufklärungssendungen nicht mehr dagegen ankam. Es hatte sich bei vielen eingebrannt: Dieses Europa muss irgendwas Böses sein, was auch immer. Paradoxerweise stimmten vor allem genau jene strukturschwachen Regionen für den Brexit, die gerade in den Jahrzehnten zuvor massiv von EU-Fördergeldern profitiert hatten – Cornwall, Devon und Kent etwa. Nun also goodbye, Europe? So ganz wird das nie klappen, schließlich läuft gut die Hälfte des britischen Außenhandels mit der EU. Und das Lager derjenigen, die einen Wiedereintritt nach einem Austritt für nicht unwahrscheinlich halten, wächst beharrlich.

IT'S TEA TIME

Dass Engländer vernarrt in Tee sind, ist bekannt. Dass Tee aber nicht immer gleich Tee bedeutet, kommt für den einen oder anderen dann doch manchmal etwas überraschend. Spätestens, wenn Sie zum *afternoon tea* schreiten und dabei nicht nur mit einer Kanne Earl Grey

Ob Last Night of the Proms, Meile oder Pint – vieles ist einmalig auf der Insel der Könige, Teetrinker und Pubbesucher

konfrontiert werden, sondern zusätzlich einem bunten Allerlei der britischen Küche: *scones* (eine Art Kuchenbrötchen), die mit *clotted cream* (dickem Rahm) und Marmelade gegessen werden, in putzige Dreiecke geschnittene Sandwiches und anderen Teilchen. Vor allem in besseren Hotels „nötigt" Sie ein freundlicher Kellner sogar noch zu einem Glas Champagner. Die Herzogin von Bedford erfand die kleine Zwischenmahlzeit 1780, um die lange Pause zwischen Mittag- und Abendessen zu überbrücken. Ob man danach überhaupt noch Hunger auf ein Dinner hat, ist eine andere Frage.

1:0 FÜR DEN SPORT

Passen Sie auf, was Sie am Wochenende anziehen: Die falsche Farbe in der falschen Stadt kann leicht als falsche Vereinszugehörigkeit interpretiert werden. Zumindest nach dem fünften Pint. Wenn andere am Samstag zum Shoppen in die Innenstädte ziehen, treffen sich Fußballfans in den Pubs und Stadien, um ihrem Verein zu huldigen. Fußball ist in England nicht irgendein Sport, Fußball ist eine Religion. Schließlich wurden die Grundregeln hier erfunden. Premier-League-Spiele live im Stadion zu sehen ist allerdings nicht ganz einfach – die meisten Plätze sind an Dauerkartenbesitzer vergeben, nur wenige Karten gelangen in den freien Verkauf. Und es herrscht ein strenges Alkoholverbot in den Stadien.

Rugby ist mindestens ebenso populär wie Fußball, für Small Talk im Pub tun Sie gut daran, sich mit den Grundregeln vertraut zu machen. In feinen Restaurants dagegen können ein paar Vokabeln aus den Kricketregeln nicht schaden – vor allem die besser situierte Landbevölkerung begeistert sich für diesen Sport. Und wenn Sie einmal ein Match im berühmten Wimbledon sehen wollen, müssen Sie sich sehr früh um Karten kümmern. Das älteste Tennisturnier der Welt hat auch nach mehr als 140 Jahren absolut nichts an Popularität eingebüßt.

DAS BRITISCHE IM ENGLÄNDER

Bei den Engländern wollen manche eine Identitätskrise ausgemacht haben: Die meisten unterscheiden nicht, ob sie englisch oder britisch sind. Sie sind patriotische Briten, aber das spezifisch Englische ist schwer festzustellen. Anders bei den Schotten, die zwar seit 1707 mit England und Wales vereinigt sind – sich aber bis heute nicht als Briten fühlen. Zu groß ist ihre eigene Identität und Geschichte.

Die Begriffsverwirrung kommt Einwanderern aus früheren Kolonien in Asien und der Karibik zugute. Viele verstehen sich nicht als Engländer, können aber mit britisch etwas anfangen. Schotten und Waliser verfügen über Teilautonomie und eigene Parlamente – der Versuch der Schotten, 2014 in einem Referendum die vollständige Unabhängigkeit zu besiegeln, fand keine Mehrheit. Das Parlament in Westminster repräsentiert alle Briten. Der Gedanke, für England ein eigenes Parlament ins Leben zu rufen, fand bisher wenig Unterstützung. Vor allem konservative Kreise empfinden große Vorliebe für ihr gemeinsames Vereinigtes Königreich. Dazu gehört übrigens auch Nordirland; daher der offizielle Staatsname: Vereinigtes Königreich von Großbritannien und Nordirland.

VON ENGLANDS LAUFSTEGEN

Landhausmode à la Barbourjacke und Fischgrätsakko? Das war gestern! Heute gibt es zig angesagte Modelabels, die mittlerweile zum Teil in aller Welt bekannt sind. Jack Wills aus Devon etwa ist mit klassischer Collegemode angetreten, um amerikanischen Firmen wie Abercrombie & Fitch und Gap Konkurrenz zu machen. Saltrock, gegründet in Cornwall, ist eine Surfermarke, die angesagten Teilen von Quicksilver oder Element ähnelt. Seasalt stammt ebenfalls aus Cornwall und kreiert moderne, sommerliche Damenkollektionen. International erfolgreich ist längst Superdry – die Marke, die durch ihre Schriftzeichen japanisch wirkt, aber urbritisch ist.

IM NAMEN DES VOLKES

Die Geschichte Harry Hallowes' zeigt, wie speziell die britische Gesetzgebung in mancher Hinsicht ist: Der obdachlose Ire lebte fast 20 Jahre unbehelligt auf einem verlassenen Grundstück im edlen Londoner Stadtteil Hampstead – und erlangte dadurch Besitzanspruch auf eben jenen Grund und Boden. Der Fall wurde inzwischen verfilmt, doch er offenbart nur eines von zig skurrilen Gesetzen des Lands: Es ist beispielsweise offiziell verboten, eine Nuklearbombe zu zünden. Grundsätzlich dürfen keine Kanonen auf Wohnhäuser abgefeuert werden. Und ein weiteres Gesetz verbietet es tatsächlich, in einem Pub betrunken zu sein. Historisch lässt sich das Sammelsurium mitunter antiquierter Paragrafen leicht erklären: Großbritannien ist bis heute ein Land ohne Verfassung. Die Gesetzgebung fußt nach wie vor auf der Magna Charta von 1215, die im Lauf der Jahrhunderte immer wieder durch Gesetze ergänzt und modifiziert wurde.

Während das Wetter sich aufgrund der Insellage ständig ändert, ist das Klima eher beständig angenehm. Es ist selten richtig heiß, es wird aber auch nicht richtig kalt. Wenn im Sommer doch mal die Temperatur an die 30 Grad reicht, berichtet die BBC in Sondersendungen darüber. Und es regnet bei Weitem nicht so viel wie allgemein angenommen. Zwar tröpfelt es immer mal wieder, aber die Gesamtniederschlagsmenge z. B. im Londoner Raum ist geringer als die in Mailand.

Novak Djokovic gewann gleich mehrfach das älteste Tennisturnier der Welt: Wimbledon

GESPRÄCHSSTOFF

„Wenn sich zwei Engländer treffen, reden sie als Erstes über das Wetter", stellte schon vor über 200 Jahren der Schriftsteller Samuel Johnson fest. Die Unbeständigkeit des Wetters auf der Insel bietet Gesprächsstoff, der unverfänglich ist und dennoch einen ersten menschlichen Kontakt herstellt. Das Wetter wird aber auch allzu gern als Vorwand für alle möglichen Unzulänglichkeiten benutzt. So kommen die Züge zu spät, weil das Laub im Herbst, Schnee im Winter oder Regen im Frühling gefallen ist.

ALLES MIT LINKS

Die Traditionsvernarrtheit der Engländer zeigt sich am deutlichsten in der Kneipe: Hier wird trotz jahrelanger Bemühungen der EU um einheitliche Rahmenbedingungen das Bier nach wie vor im *pint* gezapft, einem 0,568 l umfassenden Glas. Aber das ist erst der Anfang: Wenn Sie einen Mietwagen nehmen, zeigt der Tacho die Geschwindigkeit in Meilen pro Stunde (mph) an,

entsprechend werden Entfernungen im Vereinigten Königreich nicht in Metern gemessen, sondern in Fuß, Yards, Meilen. Immerhin beim Benzin gilt der Liter als Einheit, nicht mehr die Gallone.
Dafür fahren Autos auf der Insel nach wie vor auf der linken Seite der Straße, die Lenkräder sind dementsprechend auf der rechten Seite des Fahrzeugs angebracht, und – gewöhnungsbedürftig für einen Kontinentaleuropäer – man schaltet zwangsläufig mit links. Aber keine Sorge: Bei den Pedalen ist nichts vertauscht. Im Grunde gilt eine ähnliche (ungeschriebene) Regel auch für Fußgänger: Man weicht sich gewöhnlich links aus. Der Linksverkehr ist übrigens keine britische Eigenbrödelei: Schon die Römer sollen sich auf diese Weise begegnet sein (natürlich ohne Auto), und dementsprechend war diese Regelung über Jahrhunderte in Europa allgemein üblich. Erst Napoleon setzte auf dem Kontinent nach und nach den Rechtsverkehr durch. Und bis nach England hat er es bekanntlich nie geschafft.

DIE STRIPPENZIEHER AUS WINDSOR

Prinz Philip, Ehemann von Queen Elizabeth II., galt jahrzehntelang als der Nation größter Strippenzieher: Fast überall, wo er auftauchte, musste er an einem Band ziehen, um eine Messingplakette zu enthüllen, mit der der royale Besuch für die Ewigkeit festgehalten wurde. Das Vereinigte Königreich ist zugepflastert mit solchen Plaketten, was etwas über die Bedeutung der Monarchie heute aussagt: Sie lebt – mehr denn je. Und dass diese anachronistische Tradition überdauert, hat sie vermutlich ihrem fortwährenden Wandel zu verdanken, ohne ihre Wurzeln dabei zu vergessen.
Politisch gesehen hält de facto der Premierminister das Zepter in der Hand – doch England ist nach wie vor eine Monarchie, wenn auch in konstitutioneller

Ja, wo fliegen sie denn? Die Royals bei der jährlichen Militärparade „Trooping the Colour"

Form. Die Königin oder der König ist Staatsoberhaupt, übt die Hoheitsrechte aber nur noch gemäß der Vorgaben von Parlament und Regierung aus. Vielleicht lieben die Briten vor allem deswegen ihr Königshaus so sehr: Es strahlt auch in schlechten Zeiten eine Menge Glamour aus, aber politisch kann es nichts mehr kaputtmachen. Dafür sorgt im Zweifelsfall das frei gewählte Unterhaus.

WETTEN, DASS ...

Lottospielen gilt in England eher als etwas für Anfänger. Hier wird gewettet, nicht auf Zahlen, sondern auf ganz andere Dinge: im Grunde alles. Das erste Tor der Saison, der Geburtstag des nächsten königlichen Nachwuchses, der Tag des ersten Schneefalls und auf die ständig stattfindenden Pferde- und Hunderennen ohnehin. Es gibt kaum einen Anlass, auf den Sie in einem Wettbüro nicht einen Einsatz tätigen könnten. Und ein Wettbüro findet sich fast in jeder Stadt. Die Einsätze können niedrig sein, der Erlös hoch. Vel wahrscheinlicher ist allerdings, dass Letzterer gleich null ist. Denn am Ende gewinnt vor allem einer: der Wettanbieter.

HEIMLICHE HEIMAT DER KLASSIK

Vergessen Sie alles, was Sie über die Reserviertheit der Briten gehört haben. Bei der „Last Night of the Proms" lässt es das Land einmal im Jahr krachen. Seit mehr als hundert Jahren beschließt dieses klassische Konzert in der Londoner Royal Albert Hall eine sommerliche Musikreihe, bei der erstklassige Künstler und Orchester für einen Spotteintrittspreis spielen. Am letzten Abend schwenken die Besucher Fahnen, singen mit und jubeln im Takt. So erfolgreich, dass die BBC das Konzert inzwischen für mehrere Zehntausend weitere Gäste nebenan in den Hyde Park überträgt und zu weiteren Open-Air-Veranstaltungen im ganzen Vereinigten Königreich. Der Hang der Engländer zu guter Musik hat eine lange Tradition: In jeder Kathedrale treffen Sie auf exzellente Chöre, deren Proben Sie kostenlos verfolgen können. Außerdem wird fast überall um 17 Uhr ein *choral even song* gefeiert, ein Gottesdienst mit Chormusik – großartig u. a. in Canterbury, Salisbury und Gloucester. Großereignisse sind auch die Klassikfestivals in Cheltenham, York und der Opernmarathon in Glyndebourne.

DER NABEL DER ENGLISCHEN WELT

Die kürzeste Unterhaltung zweier Engländer: „Pub?" „Pub." Das Pub ist neben der Monarchie die wohl bekannteste britische Institution. Der sonst eher reservierte Engländer kommt ins Schwärmen, wenn er von seiner Kneipe erzählt. In den Städten findet man noch Pubs mit herrlicher Inneneinrichtung aus dem 19. Jh., aber oft sind es die ländlichen Gaststätten mit Reetdach und niedrigen Balken, mit Kaminfeuer im Winter und einem Biergarten im Sommer, die zu einem langen Aufenthalt verführen. Die Qualität der Küche in englischen Kneipen hat sich übrigens spürbar verbessert. Heute können Sie vielerorts exzellent essen – auf dem Land aber oftmals nur tagsüber. Mit Einschränkungen der Öffnungszeiten ist es seit 2005 vorbei. Jeder Pub darf nun eine Lizenz für den Ausschank nach der Sperrzeit um 23 Uhr beantragen. Seitdem ist es in den meisten Orten möglich, mindestens bis Mitternacht zu trinken. Längst passé ist die Pflicht, von 15 bis 17.30 Uhr zu schließen; die meisten Kneipen haben nun auch nachmittags geöffnet. Auch für bessere Luft wurde gesorgt, denn schon seit 2007 gilt ein Rauchverbot in Pubs und Restaurants.

ESSEN & TRINKEN

Als es Napoleon nicht gelang, die Insel einzunehmen, bezeichnete er die Briten verächtlich als eine „Nation von Ladenbesitzern". Würde der Imperator heute vorbeischauen, käme er möglicherweise zu dem Schluss, dass die Briten ein Volk von Curryhausbesitzern sind.

Nach dem Zweiten Weltkrieg kamen viele Inder als willkommene Arbeitskräfte ins Land. Dort fanden sie eine Gewürzwüste vor und importierten kurzerhand ihre heimischen Zutaten. Inzwischen ist die Insel „bekehrt". Nicht *fish & chips*, sondern *curry* bezeichnen viele Engländer als ihr Lieblingsgericht: *chicken tikka masala* (Huhn in scharfer Sauce) – die **Nummer eins unter den Currys** –, gefolgt von dem milderen *korma* (mit Kokos) und dem extrascharfen *vindaloo*. Trotzdem sind natürlich *fish & chips*, also paniertes Fischfilet mit Pommes, sehr beliebt, vor allem im Norden Englands, wo sich unter der Panade meist Schellfisch verbirgt. Das Angebot an **Meeresfrüchten** und Fisch ist riesig. Räucherfisch, Austern aus heimischen Gewässern, Hummer und Krebsfleisch genießen Sie am besten in Küstennähe.

Eine andere sehr englische, genauer kornische Spezialität ist *Cornish pasty*. Es heißt, dass die Bergarbeiter die gefüllte **Blätterteigpastete als Mittagessen** in das Bergwerk mitnahmen, doch lediglich die Füllung aßen und den Teigmantel als Dank für die Zwerge unter Tage liegen ließen. Früher wurde vor allem roher Fisch eingebacken, heute werden über 20 verschiedene Variationen verkauft,

Bild: Fish & Chips

Chicken Tikka Masala contra Fish & Chips – kulinarische Einflüsse aus aller Welt und junge Köche revolutionierten Englands Küche

meistens ist Fleisch mit Kartoffeln und Gemüse drin.

Auch wenn die britische Küche früher nicht ganz zu Unrecht einen miserablen Ruf hatte, die Desserts waren schon immer Weltklasse – nicht zuletzt wegen der *puddings*. Die haben übrigens nichts mit dem deutschen ***Pudding*** zu tun, sondern *pudding* ist eher ein Sammelbegriff für auflaufähnliche Nachspeisen.

Ansonsten vergessen Sie ganz schnell, was bis heute in Europa über die englische Küche gelästert wird. Junge Starköche haben sich auf der Welt umgesehen und die feinsten Zubereitungen mit den besten (weil lokalen) Produkten im ganzen Land etabliert. Selbst in Pubs und Kettenrestaurants können Sie heute vielerorts annehmbar essen. Wer ein bisschen mehr ausgibt, kann eine ***feine Küche*** erleben, die der französischen oft in nichts mehr nachsteht. Kulinarisch verwöhnt werden Sie nicht nur in ***London***, sondern auch in Manchester, Liverpool oder sogar in kleinen Orten wie Padstow in Cornwall, wo Kochlegende Rick Stein

SPEZIALITÄTEN

Bread and butter pudding – Nachtisch auf der Basis von eingeweichtem Brot, das mit Vanillepudding und Rosinen vermischt gebacken wird

Cream tea – eine britische Institution. Die *clotted cream* (dicke Sahne) wird nicht, wie von manchen angenommen, in den Tee getan, sondern auf die *scones* (Kuchenbrötchen) gestrichen und mit Konfitüre gekrönt – oder umgekehrt (Foto re.).

Crumbles – Früchte, meist Äpfel, Beeren oder Rhabarber, mit Streuseln belegt und im Ofen gebacken und mit *custard* (Vanillesauce) oder Vanilleeis serviert

English breakfast – Gestartet wird mit Cornflakes, Joghurt und Obst. Danach isst man zusammen mit einem Toast *bacon* (gebratenen Schinkenspeck), *baked beans* (weiße Bohnen, in Tomatensauce), *black pudding* (gebratene Blutwurst), *grilled tomato* (gegrillte Tomate), *fried eggs* (Spiegelei), *mushrooms* (gegrillte Champignons), *sausages* (gebratene Würstchen) und *scrambled eggs* (Rührei) (Foto li.). Anschließend gibt es einen Toast mit *jam* (Konfitüre) und *marmalade* (Marmelade aus Zitrusfrüchten), außerdem viel Tee oder Kaffee.

Fish & chips – Frisches Fischfilet (meist Schellfisch) in Bierteig gebacken, dazu Pommes frites – beides wird traditionell mit Malzessig übergossen und mit Salz bestreut. Dazu werden dicke Gartenerbsen gegessen.

Jacket potatoes – große Ofenkartoffeln, gefüllt mit Thunfisch und Mayonnaise, *coleslaw* (Krautsalat in Mayonnaise) oder Fleischsaucen

Sunday roast – Traditionelles Sonntagsessen. Es kann Rinder-, Schweine- oder Lammbraten sein. Zum Lamm wird eine Sauce aus frisch gehackten Minzblättern und Essig und *Yorkshire pudding*, ein leichtes, pikantes Backwerk, gereicht.

Shepherd's pie – Lammhack in Sauce und mit Kartoffelbrei überbacken

Steak and kidney pie – Pastete gefüllt mit Steakscheiben und Nierchen in Bratensauce

Summer pudding – Eine Schüssel wird mit in Saft getränktem Brot ausgelegt. Darauf kommen Beeren und Sahne.

gleich mehrere Restaurants betreibt – eines besser als das andere.
Gut und authentisch ist die ethnische Küche dort, wo Einwanderer leben, d. h. vor allem in den Großstädten. **Alle Länder sind in England vertreten** – von Afghanistan bis Vietnam. Egal für welche Länderküche Sie sich entscheiden, frühzeitiges Planen hilft: Obwohl es allein in London 8000 Restaurants geben soll, sollten Sie den Tisch für den Abend unbedingt ***reservieren***; immer mehr Restaurants bieten inzwischen auch eine Onlinebuchung an. Zudem sind die Öffnungszeiten sehr individuell. Es ist insofern ratsam, vorher anzurufen. Viele der besseren Lokale haben sonntags und montags geschlossen. Außerhalb der Großstädte stellen Gaststätten vor allem sonntags oft überraschend früh die Stühle hoch. Man sollte sich bis 20 Uhr einen Tisch gesichert haben. Mittags werden oft nach 14 Uhr keine Bestellungen mehr angenommen. Die Restaurantpreise sind in England relativ hoch. Es gibt jedoch einige Möglichkeiten, die ***Rechnung niedriger zu halten***: Üblicherweise ist es mittags günstiger als abends. Dann gibt es außerdem oftmals günstige Menüs. Einige Pubs bieten den ganzen Tag preiswerte Kombigerichte an – zum Hauptgang gibt es dann ein Pint Bier oder Wein gratis.
Die Speisekarte *(menu)* ist normalerweise in kalte und warme Vorspeisen *(starters)*, Hauptgerichte *(main dishes)* und ***Nachspeisen*** *(desserts)* unterteilt. Das ist einfach. Nicht so einfach ist es manchmal auszurechnen, was Sie letztendlich zahlen werden. Vor allem in London wird in Touristengegenden pro Rechnung *(bill)* eine *service charge* von 10–15 Prozent hinzugezählt. In diesem Fall brauchen Sie kein Trinkgeld mehr aufzuschlagen, das sich normalerweise zwischen 10 und 15 Prozent bewegt. In Pubs wird ausdrücklich kein Trinkgeld gegeben. Der Gast holt sich dort alles am Tresen. Dort findet sich eine weitere Tradition: Bier wird bis heute in *pints* (0,568 l) ausgeschenkt, wobei sich diese Angabe meist auf das ***Fassungsvermögen*** des Glases bezieht. Was bedeutet, dass die Gläser auch bis zum Rand vollgeschenkt werden – man bezahlt schließlich für ein Pint. Wem das zu viel ist, der bestellt ein halbes Pint (*half* oder *glas*). Bier wird unterschieden in *lager* (Helles) und *bitter* (Dunkles). Ein stärkeres Dunkelbier heißt *stout* – unter dem Markennamen „Guinness" kennt es die halbe Welt. Mindestens je eine Sorte Lager, Bitter und Stout vom Fass gibt es in fast jedem Pub. In vielen Orten wird zudem *real ale* – das ***wahre Bier*** – verkauft, das nicht mit Kohlensäure versetzt ist, sodass es per Handpumpe – oft bei Kellertemperatur – gezapft wird.

Englisches Bier: immer randvoll gefüllt, zu 1 Pint oder ½ Pint

EINKAUFEN

ANTIQUITÄTEN

Nicht nur viele Gebäude in England sind alt, es gibt auch fast unendlich viele Antiquitäten. Gute Gegenden sind vor allem Kleinstädte, unter anderem *Honiton* in Devon gilt als Antiquitätenmekka. Möbel werden Sie kaum mitnehmen können, aber für Silberwaren, Besteck und andere Kleinteile lohnt ein Besuch. Und auch das Porzellan der berühmten Manufakturen Doulton, Spode oder Wedgwood ist eine stilvolle Erinnerung an den Urlaub.

GARTENCENTER

Engländer lieben ihre Gärten. Entsprechend gut ist das Angebot an Pflanzen, Samen und Produkten rund um den Garten in den vielen *garden centres*.

GIFT SHOPS

Der National Trust hat seine Souvenirläden – was das Angebot angeht – perfektioniert, aber auch andere Attraktionen legen Wert auf reichlich Auswahl, dabei gibt es längst mehr als Kugelschreiber und Ansichtskarten. Feine Decken, leckere Marmelade oder Geschirr gehören inzwischen zum Standardsortiment.

KÄSE

Besonders stolz sind die Engländer auf ihre Käsekultur. Eine enorm große Auswahl führt *Fortnum & Mason* in London. Bekannt sind auch *Neil's Yard Dairy* in Covent Garden, *Paxton and Whitfield* in der Jermyn Street sowie in Bath, außerdem die Läden in Cheddar, wo der berühmte Cheddarkäse zu Hause ist. Viele halten den Blauschimmelkäse Stilton aus Ostengland für die edelste Sorte. Die Supermärkte *Waitrose* und *Marks & Spencer* haben ein ordentliches Käseangebot.

KOSMETIKA

Namen wie *Crabtree & Evelyn* stehen für Badesalze, Lavendelseifen und Potpourris. Seit einigen Jahren sind die Naturprodukte der Firma *Lush* aus Poole der Renner, u. a. Linsenshampoo und Mandelbuttercreme. Edel sind die Produkte der traditionellen britischen Firma *Molton Brown,* die allerdings inzwischen zu einem japanischen Konzern gehört.

MODE

Modern und kreativ gestaltete Modegeschäfte rangieren ganz oben in der Käu-

Die neuesten Modekreationen finden Sie ebenso auf der Insel wie feines Silber und überraschend gute Lebensmittel

fergunst. Es gibt nicht einen berühmten Designer, der nicht in der Londoner Sloane Street, Bond Street oder in der immer begehrteren Conduit Street vertreten ist. Auch wer das Kleingeld für bekannte Label nicht hat, muss darauf nicht verzichten. Secondhandshops für Designerwaren und die Basare in London (Camden und Bermondsey Market), die Lanes in Brighton, die Märkte in Bath und Chipping Norton in den Cotswolds sind in dieser Hinsicht überaus ergiebig. Ausgefallene Mode für Junge und Mutige ist in den Großstädten zu finden, beispielsweise im Northern Quarter von Manchester und um Spitalfields Market und Brick Lane im Osten von London.

Noch nie aus der Mode waren die wetterfesten Barbourjacken. Britische Modelabels wie Jack Wills, Superdry und All Saints sind bei den Youngsters beliebt. Als feinstes Kaufhaus gilt *Harvey Nichols.* Das Haupthaus befindet sich in London, Filialen wurden u. a. in Leeds und Manchester eröffnet. Ein überwältigendes Angebot in vielen Preislagen hat das zweitgrößte Kaufhaus der Insel (nach dem Konsumtempel *Harrods*): *Selfridges* in der Londoner Oxford Street.

SECONDHANDSHOPS

Hier gibt es Kleidung, Porzellan, Bücher, CDs und DVDs zu Schnäppchenpreisen – selbst wenn man nichts findet, bringt das Stöbern echte Einblicke in die Gewohnheiten und Vorlieben der Engländer.

SPEZIALITÄTEN

Die großen Supermärkte haben viele Lebensmittelgeschäfte und Wochenmärkte verdrängt, doch gibt es eine Gegenbewegung: Feine Delikatessenläden verkaufen regionale Spezialitäten. Selbstversorger sollten nach den *farmer's markets* Ausschau halten, wo ein- oder zweimal im Monat Produkte aus der unmittelbaren Umgebung von den Erzeugern selbst verkauft werden.

DER NORDEN

Der Norden Englands ist weltweit bekannt: als Wiege der industriellen Revolution, als Geburtsort der Eisenbahn, als Heimat der Beatles und berühmter Fußballclubs wie Manchester United. Vor allem aber die Natur, eine Mischung aus spektakulären Landschaften und phantastischer Küste, zieht viele Besucher an. Der malerische Lake District, die verlassenen Moorlandschaften der Pennines, die zerklüfteten Küsten mit zahlreichen Burgen und Klosterruinen haben eine Menge zu bieten. Fünf Nationalparks machen den Norden Englands zudem zum perfekten Outdoor-Urlaubsziel. Die einstigen Industriezentren sind heute hippe Städte. Musik und Kultur, Shopping und Partys bestimmen die Szene in Manchester, Liverpool, Leeds und Newcastle. Doch auch wenn die Zeit rauchender Fabrikschlote lange vorbei ist, hat der Norden seine Vergangenheit nicht einfach begraben. Das industrielle Erbe wird in vielen anschaulich gestalteten Museen und Freilichtparks gepflegt: Quarry Bank Mill *(www.nationaltrust.org.uk/quarry-bank)* bei Manchester beispielsweise zeigt mit der Maschinerie einer 200 Jahre alten Textilfabrik die Geschichte dieser Industrie und der Arbeitsverhältnisse dort. Und im 120 ha großen Open-Air-Museum in Beamish wird das Leben um 1913 detailgetreu wiedergegeben. Zum erlebbaren Erbe gehören auch Domstädte wie York und Durham mit ihren beeindruckenden Kathedralen und historischen Stadtkernen sowie traditionsreiche Badeorte wie Whitby.

 Bild: Kirkstone Pass, Lake District

Der Norden hat viel zu bieten: Naturlandschaften, Burgen und hippe Szenetreffs in einstigen Industriezentren

DURHAM

(147 E5) (*[map] L5*) **Wie eine Festung liegt die Kathedrale von Durham (65 000 Ew.) auf einer felsigen, fast vollständig vom Fluss Wear umschlossenen Halbinsel.**

Gleich nebenan: die Burg. Alles zusammen wirkt ziemlich dramatisch und wurde nicht zuletzt deswegen Weltkulturerbe. Zu Füßen der Bauwerke hat sich, wie es sich damals gehörte, eine hübsche Kleinstadt entwickelt, mit einer lebendigen Fußgängerzone und vielen Pubs. Mönche aus Lindisfarne, durch Übergriffe der Wikinger von ihrem Inselkloster vertrieben, bauten hier im Jahr 995 eine sichere Ruhestätte für die Gebeine des hl. Cuthbert. Auch Wilhelm der Eroberer war von diesem Ort begeistert und errichtete 1071 eine Burg. Die Studenten der Universität – nach Oxford und Cambridge die älteste des Lands – sorgen heute dafür, dass die Stadt trotz aller Historie überaus jung wirkt. Im Sommer ist der

Die Burg, in der nun studiert wird, und die Kathedrale dominieren das Stadtbild Durhams

Fluss Wear beliebt für Spaziergänge und Ruderpartien. *www.thisisdurham.com*

SEHENSWERTES

DURHAM CASTLE

Weit weg von London hatten die Fürstbischöfe besonders viel Macht. Die Burg diente ihnen bis 1832 als Palast, von hier aus regierten sie das Land wie Könige. Im 19. Jh. wurde die Universität von Durham gegründet, und Durham Castle wurde das erste College. Auch heute wohnen hier Studenten. *Führungen tgl., Zeiten variieren | Eintritt £ 5 | Infos u. Tickets beim Pförtner und unter Tel. 0191 3 34 29 32 | www.dur.ac.uk/durham.castle*

KATHEDRALE ★

Diese Kathedrale ist die besterhaltene und größte normannische Kirche Englands. Gleich am Nordwestportal hängt ein Türklopfer in Form eines großen Löwenkopfs. Schafften es Kriminelle im 12. Jh., diesen zu erreichen, gewährten ihnen die Benediktinermönche Asyl. Der Original-Türklopfer wird nun wie der Sarg des hl. Cuthberts im Domschatz aufbewahrt. Wem der Kreuzgang ein Déjà-vu-Erlebnis beschert, dem sei verraten, dass hier Szenen für einige der Harry-Potter-Filme gedreht wurden. Nicht verpassen: INSIDER TIPP Der Knabenchor der Kathedralschule singt während des Abendgottesdiensts *(Di–Sa 17.15, So 15.30 Uhr). Mo–Sa 9.30–18, So 12.30–17.30 Uhr | Eintritt frei, Spende erbeten, Turmbesteigung £ 5 | www.durhamcathedral.co.uk*

ESSEN & TRINKEN

FINBARR'S

Lassen Sie sich vom wenig glänzenden Interieur nicht abschrecken, das Essen

macht alles wett: Fisch, Fleisch, Vegetarisches – verarbeitet wird, was aus der Region kommt. *Waddington Street | Flass Vale | Tel. 0191 3 70 99 99 | www.finbarrs-restaurant.co.uk | €€*

EINKAUFEN

DURHAM INDOOR MARKET

Großer Markt mit Essen und Kleinkram, der immer wieder zu einem der schönsten im Land gewählt wird. Insgesamt rund 50 örtliche Händler sind in dem hübschen viktorianischen Gebäude untergebracht, außerdem ein gemütliches Café. *Mo–Sa 9–16.30 Uhr | Market Place | www.durhammarkets.co.uk*

ÜBERNACHTEN

INSIDER TIPP THE CASTLE

Nächtigen Sie wie einst die Bischöfe in der Bishop's oder Chaplain Suite *(2 Zi. | Palace Green | Tel. 0191 3 34 41 06 | €€€)*. Bescheidener und billiger ist die Übernachtung in einem der 160 Studentenzimmer *(40 DZ, 120 EZ | Tel. 0191 3 34 41 06 | www.dur.ac.uk | €–€€)*.

SEAHAM HALL

Das Spitzen-Landhotel liegt idyllisch in Küstennähe und lässt keine Wünsche offen. *Lord Byron's Walk | Seaham | Tel. 0191 5 16 14 00 | www.seaham-hall.co.uk | €€€*

INSIDER TIPP SOUTH CAUSEY INN

Für diesen Bus brauchen Sie keine Fahrkarte: Ein beschaulicher Landgasthof in Stanley nördlich von Durham hat einen roten Doppeldecker zur noblen Herberge ausgebaut. Die anderen 20 Zimmer befinden sich im Hauptgebäude. *Beamish Burn Road | Stanley | Tel. 01207 23 55 55 | www.southcausey.co.uk | €€*

LAKE DISTRICT

(143 D–E 1–2) *(G–H 6–7)* **Egal, ob Sie wandern mögen oder nicht, im**

MARCO POLO HIGHLIGHTS

★ **Kathedrale von Durham**
Keine Kathedrale in England liegt schöner als die von Durham → S. 34

★ **Lake District**
Englands größter – und für manche schönster – Nationalpark → S. 36

★ **Beatles-Tour**
Fans der Fab Four können in Liverpool auf den Spuren ihrer Idole wandeln → S. 40

★ **Hadrian's Wall**
Eindrucksvolle Überreste des größten römischen Monuments auf britischem Boden → S. 47

★ **Holy Island – Lindisfarne**
Heilige Insel, die nur bei Ebbe zu erreichen ist und von der sich das Christentum über Nordengland bis nach Deutschland verbreitete → S. 48

★ **National Railway Museum**
Die schnellste Dampflok der Welt und über einhundert alte Loks mehr zeigt das Museum in York – ein Muss für Eisenbahnfreaks → S. 49

★ **Fountains Abbey**
Die romantische Klosterruine aus dem 12. Jh. in einem pittoresken Landschaftsgarten zählt zum Unesco-Weltkulturerbe → S. 50

★ Lake District zieht es Sie wie von selbst an die frische Luft, denn die Landschaft dieses einzigartigen und größten Nationalparks Englands ist atemberaubend. Für viele ist er der schönste Teil der Insel, den Sie am besten zu Fuß entdecken.

Mit seinen 16 großen Seen, Wasserfällen sowie gewundenen Straßen, die an Dörfern mit blumengeschmückten Steincottages, Schieferhäusern und Zehntausenden von Schafen entlangführen, zeigt der Lake District mal die dramatisch schroffe Seite Englands, mal die romantische. In die nur 42 mal 50 km große Seenlandschaft zieht es allsommerlich viele Touristen. Doch wenn Sie die Wochenenden und die Hauptstraßen meiden, können Sie durch Berge *(fells)* und saftige grüne Täler auch heute „einsam wie eine Wolke" wandern, so, wie es William Wordsworth (1770–1850) einst beschrieb. *www.lakedistrict.gov.uk, www.golakes.co.uk*

Ausführliche Informationen finden Sie im MARCO POLO Band „Lake District".

ORTE IM LAKE DISTRICT

BOWNESS-ON-WINDERMERE

(143 E2) *(🗺 H6)*

Machen Sie sich auf ein Touristennest gefasst: Bei einem Besuch von Bowness-on-Windermere (4000 Ew.) lernen Sie die Nationen der Welt kennen und die neusten Reisebusse – aber die idyllische Lage am größten See Englands macht vieles wieder wett. Bei einer Seerundfahrt *(£ 8,25/45 Mln.)* bekommen Sie einen Überblick über das Gewässer, die vielen kleinen Inseln und lauschigen Buchten. Im Ort selbst werden in *The World of Beatrix Potter (tgl. 10–17.30, Okt.–März bis 16.30 Uhr | Eintritt £ 7,50 | The Old Laundry | Crag Brow | www.hop-skip-jump.com)* die Geschichten der Kinderbuchautorin (1886–1943)

Wandermüde? Dann steigen Sie ins Ruderboot, z. B. am Derwent Water bei Keswick

lebendig. Als eines der romantischsten Hotels Englands gilt das *Linthwaite House (26 Zi. | Crook Road | Tel. 015394 8 86 00 | www.linthwaite.com | €€€)* in Windermere, das frisch und modern eingerichtet ist. *Auskunft: TIC | Glebe Road | Tel. 0845 9 01 08 45(*)*

GRASMERE (143 E1) *(🕮 H6)*
Kaminduft weht Ihnen in Grasmere (1000 Ew.) um die Nase. Das Bilderbuchdorf ist durchsetzt mit Cafés und Pensionen, abends wird es ruhig. Allgegenwärtig ist hier der Dichter William Wordsworth. *Dove Cottage (tgl. 9.30–17.30, Nov.–Feb. bis 16 Uhr | Eintritt £ 8,95)* widmet sich mit vielen Erinnerungsstücken dem Leben des Poeten, der auf dem Friedhof der Kirche St. Oswald's begraben ist. Putzig ist der *Gingerbread-Shop*. Seit 1854 wird in dem winzigen Gebäude aus dem Jahr 1660 englischer Pfefferkuchen gebacken und verkauft.

KESWICK (143 D1) *(🕮 H6)*
Keswick (5000 Ew.) ist eine hübsche Marktstadt mit guten Pubs und Teehäusern. Interessant ist das *Bleistiftmuseum (Pencil Museum | tgl. 9.30–17 Uhr | Eintritt £ 4,95 | www.pencilmuseum.co.uk)*. Der Grafit für die Bleistifte wird seit dem 16. Jh. in den hiesigen Bergwerken abgebaut. Keswick ist ein idealer Ausgangspunkt, um den ruhigeren nördlichen Teil des Nationalparks zu erkunden. Die schönste Route führt südlich am Derwent Water und durch Borrowdale über den Honister Pass zum kleinen See *Buttermere*. Der 5000 Jahre alte Steinkreis *Castlerigg Stone Circle* liegt wunderschön zwischen den Bergen (3 km östlich, abseits der A 66). Eine idyllische und nach einem Wandertag angenehm bequeme Unterkunft in einem alten Gemäuer ist *Cottage in the Wood (9 Zi. | Braithwaite | Tel. 017687 7 84 09 | www.thecottageinthewood.co.uk | €€)* ein paar Kilometer außerhalb.

LEEDS

(144 B4) *(🕮 K–L8)* **Leeds (474 700 Ew.) hat sich in den vergangenen Jahren stark gewandelt, nach London ist es zurzeit das größte Finanzzentrum des Lands, was im Stadtbild nicht zu übersehen ist.** Mehr als 30 Bankhäuser haben Dependancen in Leeds, dazu ist die Stadt mit mehr als 30 Callcentern das britische Zentrum des Telefonbankings. Dabei gelangte sie ursprünglich durch die Wollindustrie zu Reichtum, die jedoch längst keine Rolle mehr spielt. Viele Clubs haben dazu beigetragen, Leeds' Ruf als Partystadt zu etablieren. Durch zig Läden und Einkaufszentren ist sie aber noch zu etwas anderem geworden: der Shoppinghauptstadt Englands.

SEHENSWERTES

HAREWOOD HOUSE
Eines der großen Herrenhäuser des Lands, das ab 1759 erbaut wurde und noch im Besitz des Grafen von Harewood ist, können Sie besichtigen. Das aufwendig restaurierte Gebäude ist erlesen möbliert, und Sie bekommen auf Ihrem Rundgang etliche Gemälde, edle Wandverkleidungen und den wunderschönen Landschaftspark zu sehen. *Ostern–Okt. tgl. 12–16 Uhr | 12 km nördl. | Eintritt £ 16,50 | www.harewood.org*

LEEDS INDUSTRIAL MUSEUM
Ruhig und beschaulich ist es am Ufer des Flusses Aire. Es sei denn, es rattern mal wieder die riesigen Maschinen in Armley Mills, der einst größten Wolltuchfabrik der Welt. Originalinventar, zig Fotos und ein kleines Kino in diesem Industriemuseum

verdeutlichen, welch große Bedeutung die Industrie für diesen Landstrich früher hatte. *Di–Sa 10–17, So 13–17 Uhr | Eintritt £ 4 | Canal Road | short.travel/eng16*

Corn Exchange: früher Getreidebörse, heute Shopping- und Genussmeile

ROYAL ARMOURIES MUSEUM

Auch wenn Sie sich nicht die Bohne für Waffen interessieren, zieht Sie dieses nationale Museum tief in die britische Geschichte hinein. Im Zentrum steht die *Hall of Steel,* ein kleiner Turm, der gefüllt ist mit Stahlwaffen vergangener Jahrhunderte. Es gibt immer wieder Vorführungen und Events, die Sie mit in die Vergangenheit des Empires nehmen. *Tgl. 10–17 Uhr | Eintritt frei | Clarence Dock | Waterfront | www.royalarmouries.org*

ESSEN & TRINKEN

TOWN HALL TAVERN

Schöner Pub im Zentrum von Leeds mit konsequent britischer Küche – von Beef bis Fisch. Fast alle Zutaten stammen aus der Region. *17 Westgate | Tel. 0113 2 44 07 65 | €*

EINKAUFEN

In der *New Market Street* bieten in der früheren Getreidebörse *(Corn Exchange)* international bekannte Designer ihre Kreationen an. Designbewusste zieht das Kaufhaus *Flannels* an, schön sind die historischen Einkaufspassagen am *Briggate* und die Markthalle *Kirkgate Market.* Die Kaufhauskette *Marks & Spencer* hatte in Leeds ihren Ursprung; ihr kleines ● *Museum (Mo–Fr 9–17 Uhr | Eintritt frei | Michael Marks Building | University of Leeds | Woodsley Road)* zeigt Utensilien aus den Anfangsjahren.

AM ABEND

Das Nachtleben findet in den Clubs wie *Pryzm (16–18 Woodhouse Lane)* und *Mint (Harrison Street)* statt, in denen Funk, Soul, Hip-Hop, Hard House und Garage geboten werden. Der Abend beginnt allerdings so gut wie immer in einem hippen Pub wie dem *Brewdog (White Cloth Hall | Crown Street).* Angesagt und gut für Cocktails: *Mojo (18 Merrion St.).*

ÜBERNACHTEN

42 THE CALLS

Eine zum Hotel umgebaute viktorianische Getreidemühle. Luxuriös, direkt am Fluss mit einem guten Restaurant *(€€).*

41 Zi. | 42 The Calls | Tel. 0113 2 44 00 99 | www.42thecalls.co.uk | €€€

WILLOW COTTAGE

Kleines, schick eingerichtetes B & B in einem denkmalgeschützten Haus nahe Leeds. *4 Zi. | Ivegate | Yeadon | Tel. 0113 2 50 11 89 | www.willowcottage.org.uk | €*

AUSKUNFT

TOURIST INFORMATION CENTRE (TIC)

The Headrow | Tel. 0113 2 42 52 42 | www.visitleeds.co.uk

ZIELE IN DER UMGEBUNG

NORTH YORKSHIRE SCULPTURE PARK ● (144 B5) (*🕮 L9*)

Warum immer nur zwischen Wiesen und Bäumen herumspazieren? Peter Murray gründete 1977 in einem 200 ha großen Park 30 km südlich diese Open-Air-Galerie. Zu sehen sind das ganze Jahr über mindestens 40 Kunstwerke bedeutender, zumeist britischer Künstler. *Tgl. 10–17 Uhr | Eintritt frei | West Bretton | Wakefield | ysp.org.uk*

INSIDER TIPP SALTAIRE (144 B4) (*🕮 K8*)

Inspiriert von den utopischen Sozialisten, baute Sir Titus Salt, seinerzeit einer der reichsten Tuchfabrikanten der Region, im 19. Jh. einen Musterort für seine Arbeiter: aus hellem Sandstein mit Gärten, Kirchen, jedoch ohne Pubs. Der Ort wirkt heute noch so skurril wie einst. In Salts Mill, den ehemaligen Webereien, 25 km nordwestlich von Leeds (Vorort von Bradford), können Sie durch die Gebäude gehen und u. a. die größte ständige *David-Hockney-Ausstellung (tgl. 10–18 Uhr | Eintritt frei)* sehen. Hockney gilt als einer der berühmtesten englischen Maler. *Victoria Road | Tel. 01274 53 11 63 | www.saltsmill.org.uk*

LIVERPOOL

(143 E5–6) (*🕮 G–H 9–10*) **Liverpool (470 000 Ew.) ist der heilige Ort aller Beatles-Pilger. John, Paul, George und Ringo kommen aus der Stadt am Mersey. Hier befindet sich die Penny Lane, steht die Statue der einsamen Eleanor Rigby, gab es das Kinderheim Strawberry Fields.**

Dieser Umstand kommt Liverpool bis heute zugute: Die lange heruntergewirtschaftete Hafenstadt wurde behutsam wieder aufgemöbelt, vor allem an den Docks. Sehenswert sind außerdem die beiden im 20. Jh. gebauten Kathedralen – die römisch-katholische ein innovatives Betonzelt mit Glasmalereien, die anglikanische konservativ, neugotisch und imposant mit hohem Turm.

SEHENSWERTES

ALBERT DOCK

Die ehemaligen Lagerhäuser aus dem 19. Jh. sind heute ein attraktives Freizeitviertel. In der Hafenanlage aus Backstein und Gusseisen finden Sie die Ausstellung *The Beatles Story (www.beatlesstory.com)*, das *Maritime Museum (www.liverpoolmuseums.org.uk/maritime)* mit Originalteilen der Titanic und faszinierenden Geschichten zu Zoll, Seefahrt und See-

CITY **WOHIN ZUERST?**

An den Hafen! Das **Albert Dock** ist ein guter Ort, um ein bisschen maritimes Flair zu schnuppern. Gleich daneben bietet **Pier Head** mit dem markanten Royal Liver Building beste Fotomotive. Bahnhof James Street, Parkhaus: Liverpool One (35 Strand Street).

handel, ein *Museum zur Geschichte der Sklaverei (International Slavery Museum | www.liverpoolmuseums.org.uk/ism)*, auf deren Grundlage Liverpool zu Reichtum gekommen ist, sowie die *Tate Liverpool (www.tate.org.uk/liverpool)*, eine Außenstelle der Londoner *Tate Modern* mit moderner Kunst. Außerdem Geschäfte, Restaurants und Bars, die auch abends geöffnet haben. *Museen tgl. 10–17 Uhr | alle kostenlos außer The Beatles Story, Eintritt £ 15,95 | www.albertdock.com*

ANFIELD STADIUM

Die 1884 eröffnete Arena des heutigen Liverpool FC ist Pilgerstätte für Fußballfans aus aller Welt. Ein Museum widmet sich der Clubgeschichte. In Führungen werden nicht nur die Tribüne, sondern auch die Räume hinter den Kulissen gezeigt. *Tgl. 10–17 Uhr (Führungen bis 15 Uhr, nicht an Heimspieltagen) | Eintritt £ 20 | Anfield Road | Tel. 0151 2 60 66 77 | www.liverpoolfc.com*

BEATLES-TOUR ★ ●

Von besonderer Bedeutung für die Karriere der Beatles ist eine Haltestelle der *Magical Mystery Tour (tgl. ab 10 Uhr | £ 18,95 | Visitor Information Centre/Albert Dock | www.cavernclub.org/the-magical-mystery-tour)* – der *Jacaranda-Club (21 Slater Street | short.travel/eng14)*. Im Sommer 1960 spielten die Beatles hier zum ersten Mal öffentlich. Das Lokal ist jetzt eine stimmungsvolle Bar. In der Mathew Street gibt es interessante Plattenläden, Pubs und den originalgetreu wiederaufgebauten *Cavern Club (www.cavernclub.org)*, in dem die Fab Four 294-mal auftraten. Gleich daneben wurde das schicke *Hard Days Night Hotel (110 Zi. | North John Street | Tel. 0151 2 36 19 64 | www.harddaysnighthotel.com | €€€)* eröffnet. In den Vororten können Fans die Häuser besuchen, in denen John Lennon und Paul McCartney aufwuchsen *(nur nach Voranmeldung: März–Nov. Mi–So | Tel. 0151 7 14 27 72 31 | www.nationaltrust.org.uk/beatles-childhood-homes)*.

MERSEY FERRIES

An den Piers, wo einst für Auswanderer die Überfahrt in die Neue Welt begann, legen heute Sightseeingfähren an. Die Fahrt (50 Min.) verspricht einen guten Blick auf das historische Hafenviertel. Mit dem INSIDER TIPP *Saveaway-Tagesticket (£ 5,30)* können Sie nicht nur Bus und Bahn nutzen, sondern auch die Fähren. *Tgl. ab 10 Uhr | £ 10 | Pier Head | Tel. 0151 3 30 14 44 | www.merseyferries.co.uk*

WALKER ART GALLERY

Eine der besten britischen Kunstsammlungen mit Werken früher italienischer und flämischer Meister, außerdem zahlreicher britischer Künstler. *Tgl. 10–17 Uhr | Eintritt frei | William Brown Street | www.liverpoolmuseums.org.uk*

ESSEN & TRINKEN

60 HOPE STREET

Vergessen Sie alles Negative über die britische Küche: Hier werden klassische Gerichte meisterhaft zubereitet. Jeder Teller eine Augenweide. *Tel. 0151 7 07 60 60 | www.60hopestreet.com | €€€*

THE RESTAURANT BAR & GRILL

Liverpools Gourmettempel in einem alten Bankgebäude steht für köstliche Fischgerichte und saftige Steaks. *Halifax House | Brunswick Street | Tel. 0151 2 36 67 03 | €€*

EINKAUFEN

PROBE RECORDS

Der legendäre Plattenladen, der in den 1980ern Kultzentrum der alternativen

Anlaufstelle für *Liverpudlians* und Touristen ist das nun schmuck herausgeputzte Hafenviertel

Musikszene war und auch Elvis Costello zu seinen Stammkunden zählte, ist mittlerweile umgezogen, lohnt aber immer noch den Besuch. *The Bluecoat, School Lane*

AM ABEND

Wo früher Sklavenhandel betrieben wurde, sind heute Liverpools Kreative zu Hause: Das *Baltic Triangle* in der Nähe des Albert Dock ist ein altes Industriegebiet mit Galerien, Clubs und Veranstaltungsräumen. Abends trifft man sich z. B. im *24 Kitchen Street* oder im *District (61 Jordan Street)*.

ÜBERNACHTEN

HOPE STREET HOTEL

Schicker, sehr komfortabler Umbau einer Fabrik aus dem Jahr 1860: moderne Holzeinrichtung, alte Backsteinmauern. Das Restaurant *London Carriage Works (€€–€€€)* ist ausgezeichnet. *48 Zi. | 40 Hope Street | Tel. 0151 7 09 30 00 | www.hopestreethotel.co.uk |* €€€

THE NADLER

Das schicke Boutiquehotel hat sich in einem restaurierten Lagerhaus mitten im Zentrum breitgemacht und in jedes Zimmer eine Miniküche integriert. *106 Zi. | 29 Seel Street | Tel. 0151 7 05 26 26 | www.thenadler.com |* €€

AUSKUNFT

TOURIST INFORMATION CENTRE (TIC)

Flughafen und Albert Dock | Tel. 0151 2 33 20 08 | www.visitliverpool.com

MANCHESTER

(143 F5) *(🕮 J–K 9)* **Manchester (500 000 Ew.) ist weltweit immer noch als Industriestadt bekannt, die ihren Zenit im 19. Jh. erlebte. Doch dieses Image ist lange überholt. Seit der Jahr-**

WOHIN ZUERST?
Erste Bekanntschaft mit der Stadt schließen Sie bei einem Bummel **vom Bahnhof Piccadilly zur Kathedrale** (Parkmöglichkeit: NCP Arndale, High Street). Anschließend geht es mit der Straßenbahn (Salford-Linie) zu den **Salford Quays** mit Daniel Libeskinds Imperial War Museum North.

tausendwende hat sich die Stadt mächtig gemausert.

Das Einkaufsviertel um St. Ann's Square wird immer schicker, die Gastroszene immer besser. Neue Museen wurden eröffnet, alte renoviert, die neu herausgeputzte Stadtmitte überrascht mit Architektur aus dem 19. Jh. (z. B. das Rathaus am Albert Square). Das alte Hafenareal wurde mit Apartments, Geschäften und Kultureinrichtungen wiederbelebt. Vor allem aber ist Manchester Heimat des legendären Fußballclubs Manchester United. Inselweit ist die Stadt ebenso für ihr Gayviertel um die Canal Street berühmt. Hier wurden Lagerhallen zu modernen Apartments umgebaut. Entlang dem Kanal haben sich viele Cafés, Clubs und Restaurants angesiedelt, die bis in den frühen Morgen geöffnet haben.

SEHENSWERTES

MANCHESTER UNITED FOOTBALL CLUB

In Manchester müssen Sie sich entscheiden: City oder ManU – die beiden Fußballclubs der Stadt haben ihre eigenen Fans, die Sie besser niemals verwechseln. Manchester United lebt noch dazu von seiner internationalen Popularität; im legendären Stadion *Old Trafford* gibt es ein Clubmuseum, und es werden Führungen angeboten. *Museum und Führungen tgl. 9.30–16.30 Uhr | Kombiticket £ 18 | Reservierung empfohlen, Tickets für Spiele und Führungen: Tel. 0161 86 88 00 | www.manutd.com*

Salford Quays: Moderne Architektur säumt die ehemaligen Hafenbecken

MUSEUM OF SCIENCE AND INDUSTRY

Beheimatet im und um den ältesten noch existierenden Passagierbahnhof der Welt, wiederum Teil der ersten Eisenbahnstrecke der Welt, der Liverpool and Manchester Railway. An manchen Tagen gibt es Rundfahrten mit einem Nachbau von Robert Stephensons Planet-Dampflokomotive aus den 1830er-Jahren *(£ 2)*, außerdem Flugzeuge und Dampfmaschinen. *Tgl. 10–17 Uhr | Eintritt frei | Liverpool Road | Castlefield | www.mosi.org.uk*

QUARRY BANK MILL

Die Austellungen in der 200 Jahre alten Baumwollspinnerei stellen die frühen Tage der Industrierevolution dar. Der Komplex gilt als eine der besterhaltenen Textilfabriken aus der Zeit der industriellen Revolution. Auch der aufwendige Garten ist einen Besuch wert. *Tgl. 11–17, Nov.–Feb. Mi–So bis 15.30 Uhr | Eintritt £ 11,70 | Styal | Wilmslow | www.nationaltrust.org.uk/quarry-bank*

RUNWAY VISITOR PARK

Der Flughafen von Manchester ist nicht nur der größte des Lands außerhalb Londons, sondern verfügt auch über ein kleines Luftfahrtmuseum. Der Höhepunkt: eine INSIDER TIPP Original-Concorde, die im Rahmen einer Führung *(£ 13,50)* besichtigt werden kann. *Tgl. 8–18, Okt.–Feb. bis 16 Uhr | Eintritt frei | Sunbank Lane | www.manchesterairport.co.uk*

SALFORD QUAYS

Der alte Binnenhafen im Stadtteil Salford hat mit zwei Attraktionen ein ganz neues Image verpasst bekommen. Das *Imperial War Museum North (tgl. 10–17 Uhr | Eintritt frei | www.iwm.org.uk)*, ein architektonisch spektakuläres Gebäude von Daniel Libeskind, beschäftigt sich auf sensible Weise mit dem Thema „Mensch und Krieg". Nebenan erhebt sich das hypermoderne Kulturzentrum *The Lowry* (benannt nach dem Industriemaler L. S. Lowry) mit zwei Galerien, zwei Theatern, Restaurants und Bars wie ein Riesendampfer über den Docks. *Galerien So–Fr 11–17, Sa ab 10 Uhr | Pier 8 | Salford Quays | Theater: Tel. 0843 2 08 60 00 | www.thelowry.com*

ESSEN & TRINKEN

ALSTON BAR & BEEF

In diesem angesagten Steakhouse bekommen Sie nicht nur saftiges Fleisch und sonntags einen exzellenten Braten, sondern auch Hochprozentiges: Die Bar hat sich auf Gin-Tonic spezialisiert und zelebriert jedes Glas. *Cathedral Street | Corn Exchange | Tel. 0161 8 04 55 55 | www.alstonmanchester.co.uk | €€*

INSIDER TIPP MARBLE ARCH

Wunderschöner historischer Pub, der das Bier der örtlichen Kleinbrauerei Marble ausschenkt, das bis 2011 sogar hier gebraut wurde. *Abode Hotel | 73 Rochdale Road | Tel. 0161 8 32 59 14 | www.marblebeers.com | €*

EINKAUFEN

LOWRY OUTLET MALL

Markenware zu Schnäppchenpreisen an den Salford Quays. Die Mall beinhaltet Filialen vieler großer britischer und internationaler Hersteller. *Salford Quays | www.lowryoutletmall.com*

NORTHERN QUARTER UND DEANSGATE

Die junge Szene kleidet sich im Northern Quarter um die *Oldham Street* ein. Etablierter sind *House of Fraser* in Deansgate sowie das älteste noch erhaltene Kaufhausgebäude von *Debenhams (Market Street)*, außerdem das exklusive *Harvey Nichols* am Exchange Square.

AM ABEND

BRIDGEWATER HALL

Die für ihre besonders gute Akustik bekannte, auf Federn gelagerte Konzerthalle ist Heimat des Hallé-Orchesters, das von der deutschen Gemeinde Manchesters gegründet wurde. Das dazugehörige Restaurant serviert auch ein ausgezeichnetes und sehr preiswertes Mittagessen. *Lower Mosley Street | www.bridgewater-hall.co.uk | €*

CASTLEFIELD

Im sanierten Viertel aus der Frühindustrialisierung haben sich Kneipen und Restaurants am Kanalbecken angesiedelt. Vor allem durch die Außengastronomie im Sommer ist hier viel los.

ROYAL EXCHANGE THEATRE

Ein modernes Theater ist in das imposante Gebäude der ehemaligen Baumwollbörse gezogen, das immer noch sehenswert ist – auch ohne Vorstellung. *Kartentel. 0161 8 33 98 33 | www.royalexchange.co.uk*

ÜBERNACHTEN

HOTEL FOOTBALL

Die beiden Ex-Fußballer Gary Neville und Ryan Giggs haben direkt neben das legendäre Old-Trafford-Stadion ein Vier-Sterne-Hotel gestellt und beweisen damit, dass sich Fußball und moderner Style nicht ausschließen müssen. *133 Zi. | 99 Sir Matt Busby Way | Tel. 0161 7 51 04 30 | hotelfootball.com | €€*

GREAT JOHN STREET HOTEL

Schickes Boutiquehotel im Zentrum nahe dem Industriemuseum. Geschmackvoll eingerichtete Zimmer und ☀ Dachgarten mit toller Atmosphäre und schöner Aussicht. *30 Zi. | Great John Street | Tel. 0161 8 31 32 11 | www.eclectichotels.co.uk/great-john-street | €€€*

AUSKUNFT

TOURIST INFORMATION CENTRE (TIC)

2 Piccadilly Place | Tel. 0871 2 22 82 23 | www.visitmanchester.com

ZIEL IN DER UMGEBUNG

CHESTER (143 E6) (*H10*)

Auf der Stadtmauer die Stadt umrunden, das können Sie – zumindest in England – nur in Chester (120 000 Ew., 60 km südwestl.), das auf eine 2000-jährige Geschichte zurückblickt. Von der ☀ Mauer haben Sie einen guten Überblick über die Sehenswürdigkeiten: die Burg, den *Water Tower* (Stadtmuseum), den *King Charles Tower* und die wenigen Überreste des einst größten römischen Amphitheaters in Großbritannien. Eine weitere Attraktion sind die *rows*, zweistöckige, verzierte Fachwerkshoppingarkaden

In der Partystadt Newcastle geht es nachts bunt zu – sowohl in den Clubs als auch am Ufer des Tyne

aus dem Mittelalter. Achten Sie auf den städtischen Ausrufer, der mehrmals in der Woche jeweils um 12 Uhr die neuesten Ereignisse verkündet. Wenn Sie ausprobieren möchten, wie es sich in einem der alten Häuser wohnt, empfiehlt sich das *Edgar House (5 Zi. | 22 City Walls | Tel. 01244 34 70 07 | www.edgarhouse.co.uk | €€)* mit Zimmern im Boutiquestil. Genießen Sie am Abend eine Kanalfahrt und ein gutes Dinner *(Abfahrt: Mill Hotel | Milton Street | Tel. 01244 35 00 35 | www.millhotel.com | €€, Übernachtung im umgebauten Lagerhaus €€–€€€). Auskunft: TIC | Town Hall | Tel. 01244 40 53 40 | www.visitchester.com*

NEWCASTLE

(147 E4) *(K–L5)* **Newcastle upon Tyne – so der vollständige Name – ist ein Phänomen: Einst war hier die Kohleindustrie zu Hause, wurden Schiffe gebaut und Bier gebraut.**

Nichts von dem ist geblieben, selbst das nach der Stadt benannte *brown ale* wird heute auf der anderen Seite des Flusses in Gateshead produziert. Dafür ist „Newcie" (280000 Ew.) vor allem bei jungen Leuten ein hippes Wochenendziel geworden. Behutsam wurden alte Fabrikanlagen restauriert, die prachtvollen Kaufmannshäuser aus dem 17. Jh. und die klassischen Bauten aus der viktorianischen Zeit aufpoliert und die Altstadt *Grainger Town* wieder belebt. Einen guten Überblick haben Sie von der normannischen Burg. Noch schöner ist der Blick aber von einer der sieben Brücken, die über den Tyne führen. Die *High Level Bridge* war bei ihrer Eröffnung 1849 die erste Straßen- und Eisenbahnbrücke der Welt, die *Gateshead Millennium Bridge*, die welterste rotierende Brücke, wurde im September 2001 freigegeben. Um den Bigg Market herum sowie im Quayside-Viertel ist von Donnerstag bis Montag Partytime. *www.newcastlegateshead.com*

SEHENSWERTES

BALTIC CENTRE FOR CONTEMPORARY ART

Vom Korn zur Kunst: Letztere wird im einstigen Getreidespeicher am Südufer des Tyne gezeigt. Doch nicht nur die zeitgenössischen Stücke sind beachtenswert – der Blick, den Sie im INSIDER TIPP Dachrestaurant haben, ist es auch. *Tgl. 10–18 Uhr | Eintritt frei | South Shore Road Gateshead | www.balticmill.com*

VICTORIA TUNNEL

Eine der wenigen noch existierenden Hinterlassenschaften der Kohleindustrie in der Stadt. Spannende Touren führen durch diesen dunklen, kühlen Tunnel, durch den früher die Kohle zum Hafen transportiert wurde und in dem während des Zweiten Weltkriegs die Menschen Schutz vor den Bomben suchten. *Mi–Mo unterschiedl. Zeiten, nur nach Voranmeldung | Eintritt 7 £ | 53–55 Lime Street | Tel. 0191 2 30 42 10 | www.ouseburntrust.org.uk*

ESSEN & TRINKEN

BLACKFRIARS CAFÉ BAR

Herzlich willkommen im vielleicht ältesten Speisesaal Englands in einem ehemaligen Kloster aus dem 13. Jh., das sogar schon Heinrich III. beherbergt haben soll. *Friar Street | Tel. 0191 2 61 59 45 | www.blackfriarsrestaurant.co.uk* | €€

THE BOTANIST

In diesem sehr zentralen Restaurant können Sie gut essen (britisch rustikal) und gucken (aufs Monument), aber seien wir ehrlich: Wer hier unter dem künstlichen Baum sitzt, will vor allem einen exzellenten Gin trinken – die Auswahl ist fein. *Monument Mall | Tel. 0191 2 61 63 07 | www.thebotanist.uk.com* | €€

FREIZEIT & SPORT

NEWCASTLE CLIMBING CENTRE

Eines der größten Indoor-Kletterzentren in Nordengland – untergebracht an einem ganz besonderen Ort: in der ehemaligen Kirche von St. Mark's. *Mo–Fr 10–22, Sa/So bis 20 Uhr | Eintritt £ 30 | 285 Shields Road | Tel. 0191 2 65 60 60 | www.newcastleclimbingcentre.co.uk*

AM ABEND

THE SAGE MUSIC CENTRE

Das Gebäude vom Reißbrett des Stararchitekten Sir Norman Foster ist schon wegen seiner gewölbten Form einen Besuch wert – und ein beliebtes Fotomotiv. Aber vielleicht kommen Sie auch wegen der erstklassigen Konzerte? *Tel. 0191 4 43 46 61 | www.thesagegateshead.org*

ÜBERNACHTEN

JESMOND DENE HOUSE

Nobles historisches Anwesen in einem Park am Stadtrand. Innen moderner Schick mit viel Stil. *40 Zi. | Jesmond Dene Road | Tel. 0191 2 12 30 00 | www.jesmonddenehouse.co.uk* | €€€

MALMAISON HOTEL

Derzeit das angesagteste Hotel in der Quayside, direkt an der Millennium Bridge. Sehr aufwendige, teils etwas übertriebene Ausstattung. *122 Zi. | Quayside | Tel. 0191 2 45 50 00 | www.malmaison.com* | €€€

ZIELE IN DER UMGEBUNG

ALNWICK (147 E2) (*K3*)

Jahrhundertelang war die Region Northumbria Schauplatz von Grenzkriegen. Eine der eindrucksvollsten Burgen steht in Alnwick (7000 Ew., 40 km, sprich „Annick"), einem mittelalterlichen Städtchen. In *Alnwick Castle (Ostern–Okt. 10–17.30 Uhr | Eintritt £ 14)* lebt der größte private Landbesitzer Nordenglands, der Herzog von Northumberland. Über die sagenhaften Kunstschätze (Canaletto, Tizian, Anthonis van Dyck) in der Burg kann man nur staunen. Im Park wurden Szenen der Harry-Potter-Filme gedreht. Zum neu angelegten Garten gehören Kaskaden, hohe Fontänen und andere ausgefallene Wasserspiele sowie ein großes Baumhaus. Übernachten und essen sollten Sie im INSIDER TIPP *White Swan (57 Zi. | Bondgate Within | Tel. 01665 60 21 09 | www.classiclodges.co.uk | €€)*. Sehenswert ist die Dekoration des Speisezimmers, die vom Luxusliner Olympic, dem Schwesterschiff der Titanic, stammt.

ANGEL OF THE NORTH (147 E4) *(🕮 L5)*

Großbritanniens größte Freiluftskulptur. Der Engel des Nordens (11 km) wirkt wie ein Mensch mit Flugzeugtragflächen und ist mit 20 m Höhe und 54 m Breite weithin sichtbar. Gestaltet wurde das Werk von Antony Gormley, der ähnliche, kleinere Skulpturen auch an anderen Orten im Land aufgestellt hat. *Nahe der Kreuzung A 1/A 167 südlich von Gateshead*

HADRIAN'S WALL ★
(146–147 B–E4) *(🕮 H–L 4–5)*

Kaiser Hadrian errichtete im Jahr 122 diesen über 5 m hohen und 120 km langen Wall (13 km), um „die Römer von den Barbaren zu trennen" und das Ende der zivilisierten Welt zu markieren. Er brachte Tausende Soldaten in die Region und ließ die Mauer im Abstand von einer Meile mit Burgen befestigen. Von Newcastle im Osten bis Carlisle im Westen erstrecken sich die eindrucksvollen Überreste des ältesten römischen Monuments auf britischem Boden. Zwischen Corbridge und Haltwhistle sind die Wachtürme noch gut erhalten. Der *AD122 Hadrian's Wall Country Bus (April–Sept. mehrmals tgl. | Fahrt £ 12,50 | www.gonortheast.co.uk)* pendelt zwischen Hexham und Halt-

Spaziergänger auf dem Hadrian's Wall, die einst das „Ende der zivilisierten Welt" markierte

whistle und hält an allen Forts entlang der Mauer. *www.visithadrianswall.co.uk*

HOLY ISLAND – LINDISFARNE ★

(147 E1) (*🕮 K2*)

Von hier nahm im 8. Jh. die Christianisierung Nordenglands und eines Teils Deutschlands ihren Anfang. Wer die Fahrt in Englands spirituelle Vergangenheit plant, muss zuvor den Tideplan studieren, denn der 7 km lange Weg zur Insel ist nur bei Ebbe befahrbar. Das Kloster Lindisfarne (65 km), später Holy Island (heilige Insel) genannt, wurde 635 gegründet und genoss internationalen Ruf. 793 zerstörten die Wikinger das Kloster. Doch im 12. Jh. bauten Mönche aus Durham die Abtei wieder auf. Die Klosterruinen *Lindisfarne Priory (tgl. 10–18, Winter Mi–So 10–16 Uhr | Eintritt £ 6,50)* sind bis heute Pilgerstätte. Besonders interessant ist die ehemalige Burg *Lindisfarne Castle (April–Okt. tgl. 10–16 Uhr | Eintritt £ 7)*, die 1549 zum Schutz gegen die Schotten errichtet und 1903 zum Landhaus umgebaut wurde. Ein nettes Mitbringsel ist das *Lindisfarne Castle Dark Ale*, ein lokales Bier, das mit Ysop (Bienenkraut) aus dem Schlossgarten gebraut wird. *Bootsfahrten (ab 15 £ | Tel. 01665 72 03 08 | www.farne-islands.com)* zu den Farne-Inseln und auch zur Beobachtung der *Robbenkolonie* gehen vom Hafen Seahouses, südlich von Bamburgh, ab.

LOW BUDG€T

Alle Häuser der National Museums Liverpool gewähren kostenlosen Eintritt, d. h. neben den Museen am Albert Dock auch die *Walker Art Gallery* (Kunst) und das *World Museum Liverpool* (u. a. Geschichte, Ethnologie), beide in der William Brown Street, und die *Lady Lever Art Gallery* auf der anderen Mersey-Seite *(alle tgl. 10–17 Uhr | www.liverpoolmuseums.org.uk)*.

Die staatliche Organisation für Denkmalschutz *English Heritage* verwaltet viele Burgen und Abteiruinen, auch Denkmäler an der Hadriansmauer. Wer in Nordostengland und Yorkshire viel besichtigen will, kann Geld sparen: Jahresmitgliedschaft £ 54, vor Ort an den Denkmälern zu erwerben, z. B. Hadrian's Wall, Rievaulx Abbey. *www.english-heritage.org.uk*

INSIDER TIPP SEATON DELAVAL HALL

(147 E4) (*🕮 L4*)

Auf diesem Landsitz schien von Beginn an ein Fluch gelastet zu haben: Weder Architekt Sir John Vanbrugh noch sein Auftraggeber Admiral George Delaval erlebten die Fertigstellung. Es wechselte die Besitzer und brannte einmal innen komplett aus. Heute birgt Englands bedeutendstes Barockanwesen Juwelen und Gemälde, vor allem aber ist es ein Stück feinster britischer Architekturgeschichte. *April–Okt. Do–Mo 11–17, Nov.–Dez. Sa/So bis 15 Uhr | Eintritt £ 7,20 | The Avenue | Seaton Sluice*

YORK

(144 C3) (*🕮 L–M8*) **„Die Geschichte Yorks ist die Geschichte Englands", brachte es König George VI. auf den Punkt. Tatsächlich hat die Stadt (198 000 Ew.) in ihrer 2000-jährigen Geschichte römische Kaiser, Wikinger, normannische Ritter, Könige und Adlige gesehen.**

Und alle haben ihre Spuren hinterlassen: in den Gassen, den *shambles,* und im Münster. Bei einem Spaziergang auf der

Typisch für York sind die engen, von alten Fachwerkhäusern gesäumten Gassen

5 km langen Stadtmauer erhalten Sie den besten Einblick in das mittelalterliche Stadtzentrum.

SEHENSWERTES

NATIONAL RAILWAY MUSEUM ★ ●

Alles, was das Herz eines *trainspotters,* eines echten Eisenbahnfans, höherschlagen lässt: über einhundert Dampf-, Diesel- und Elektroloks. George Stephensons „Rocket" ist zu sehen sowie die „Mallard", die den Geschwindigkeitsrekord für Dampfloks hält. *Tgl. 10–18 Uhr | Eintritt frei | Leeman Road | www.nrm.org.uk*

YORK MINSTER

York Minster ist beides – Kathedrale und Münster: Es ist die Mutterkirche der nördlichen Provinzen der Church of England mit Sitz des Erzbischofs von York und die größte gotische Kirche Englands. Ihr bedeutendster Schatz sind die Glasmalereien (12.–20. Jh.). *Mo–Sa 9–17, So 12.45–17 Uhr (letzter Einlass) | Eintritt Münster £ 10, mit Turm £ 15 | www.yorkminster.org*

ESSEN & TRINKEN

BETTY'S CAFÉ TEA ROOMS

Ein für guten Kuchen und Nachmittagstee bekanntes Café in einem Art-déco-Haus. Probieren Sie den sättigenden Früchtekuchen *fat rascal. 6–8 St. Helen's Square | www.bettys.co.uk |* €

AM ABEND

York ist bekannt für abendliche Touren, auf denen Besuchern das Gruseln gelehrt wird. *Tgl. 20 Uhr | versch. Treffpunkte, z. B. am Pub King's Arms, Ouse Bridge | £ 5 | www.theoriginalghostwalkofyork.co.uk*

ÜBERNACHTEN

INSIDER TIPP BAR CONVENT

Die Nonnen des Ordens hl. Jungfrau Maria führen das älteste noch bewohnte Kloster im Land als B & B. Das Wort *Bar* bezeichnet die Tore des Hauses. *18 Zi. | 17 Blossom Street | Tel. 01904 64 32 38 | www.bar-convent.org.uk |* €–€€

MIDDLETHORPE HALL & SPA

Wunderschönes Anwesen aus dem 17. Jh., heute ein Hotel. Alle Zimmer sind mit Antiquitäten bestückt. Zum Anwesen gehört auch ein Spa mit vielfältigem Angebot wie „Beauty Day" oder „Spa Break". *29 Zi. | Bishopthorpe Road | Tel. 01904 64 12 41 | www.middlethorpe.com | €€€*

Atemberaubendes Spiel mit Licht und Schatten im Hauptschiff der Fountains Abbey

AUSKUNFT

TOURIST INFORMATION CENTRE (TIC)

1 Museum Street | Tel. 01904 55 00 99 | www.visityork.org

ZIELE IN DER UMGEBUNG

CASTLE HOWARD (145 D3) (*M7*)

Eines der prächtigsten privaten Herrenhäuser (17. Jh.) Englands erwartet Sie 30 km nordöstlich von York (A 64). Schlendern Sie durch den herrlichen Garten und bestaunen sie die Gemälde von Thomas Gainsborough und Joshua Reynolds, der den damaligen Besitzer, den Earl of Howard, mehrfach porträtierte. *Ostern–Okt., Adventszeit tgl. 11–16 Uhr | Eintritt £ 15 | www.castlehoward.co.uk*

FOUNTAINS ABBEY ★

(144 B3) (*K7*)

Das Ensemble (35 km) – von der Unesco zum Weltkulturerbe erklärt – umfasst die herrlich gelegene Ruine des Zisterzienserklosters aus dem 12. Jh., die größte Englands, und einen Landschaftsgarten aus dem 18. Jh. *April–Sept. tgl. 10–18, Okt.–März bis 17 Uhr | Eintritt £ 15 | www.nationaltrust.org.uk/fountains-abbey*

Ganz in der Nähe befindet sich die 1300 Jahre alte Stadt *Ripon* (A 61, donnerstags Markt). Berühmt ist der *hornblower*, der noch heute allabendlich zur Nacht bläst. Eines der besten Hotels der Region finden Sie im Nachbarort *Ripley* (A 61): *Boars Head (25 Zi. | Tel. 01423 77 18 88 | www.boarsheadripley.co.uk | €€).*

NORTH YORK MOORS NATIONAL PARK (144–145 C–D 1–2) *(🗺 K–N 6–7)*
Die wilde, fast baumlose Heidelandschaft im 555 km^2 großen Nationalpark ist von einsamer Schönheit. Man bekommt das Gefühl von großer Höhe, obwohl 700 m nirgendwo überschritten werden. Wanderern sind die preiswerten *barns (Tel. 0800 0191700 | www.yha.org.uk)*, einfache Unterkünfte, zu empfehlen.
Von *Pickering* aus (5000 Ew., 30 km) fährt die wieder instand gesetzte *North Yorkshire Moors Railway (Tel. 01751 472508 | www.nymr.co.uk)* mit einer Höchstgeschwindigkeit von 25 Meilen pro Stunde durch die Newtondale-Schlucht nach Grosmont. Gut gelegen für Touren durchs Moor: das *White Swan (21 Zi. | Tel. 01751 472288 | www.white-swan.co.uk | €€€)* am Marktplatz in Pickering, ein Gasthaus aus dem 16. Jh.

RIEVAULX ABBEY (144 C2) *(🗺 L7)*
Im bewaldeten Tal am Ufer des Rye liegen die Ruinen der ältesten Zisterzienserabtei des Nordens (47 km), die 1132 von Bernhard von Clairvaux gegründet wurde. Relativ gut erhalten sind Kirchenschiff und Refektorium, eine Ausstellung gibt Einblick in das einstige Klosterleben. *Tgl. 10–18 Uhr | Eintritt £ 8,50 | Abfahrt B 1257*
Fahren Sie von Rievaulx Abbey südöstlich über Helmsley nach *Harome.* Allein das schilfgedeckte INSIDER TIPP *Star Inn* (14. Jh.), ein Pub-Restaurant-Club *(Restaurant Mo geschl. | €€€; Pub €€)* mit Michelinstern und luxuriösen Zimmern in der *Cross House Lodge (11 Zi. | Tel. 01439 770397 | www.thestaratharome.co.uk | €€€)* lohnt den Abstecher.

SCARBOROUGH (145 E2) *(🗺 N7)*
Saubere Strände und der Charme vergangener Tage zeichnen dieses alte Seebad (71 km) aus. Eine Landzunge mit mittelalterlicher Burg trennt die ruhige nördliche von der etwas rummeligen südlichen Bucht. Übernachtung im Hotel *The Helaina (12 Zi. | 14 Blenheim Terrace | Tel. 01723 375191 | www.thehelaina.co.uk | €)* mit netten kleinen, renovierten Zimmern, Meerblick und gutem Frühstück.

WHITBY (145 D1) *(🗺 M6)*
Der geschäftige Fischereihafen und die Lage zwischen hohen Klippen geben Whitby (79 km) einen unverwechselbaren Charakter, den Bram Stoker in seinem Roman „Dracula" festhielt. Die Vampirgeschichte zieht bis heute blass geschminkte, schwarz gekleidete *goths* in die Stadt, die als Heimathafen von Captain Cook *(Cook Memorial Museum | April–Okt. tgl. 9.45–17, März tgl. 11–15 Uhr | Eintritt £ 5,90 | Grape Lane | www.cookmuseumwhitby.co.uk)* und wegen der *Abteiruine (Whitby Abbey | tgl. 10–18 Uhr | Eintritt £ 7,60)* besuchenswert ist.
Auf den hohen Klippen südlich von Whitby verläuft ein Wanderweg mit Meerblick zur Schmugglerbucht *Robin Hood's Bay*. Nördlich von Whitby entdecken Sie in der *Runswick Bay* Fossilien der Jura- und Kreidezeit. Achtung: Richten Sie sich nach der Gezeitentabelle! Frischen Fisch bekommen Sie im INSIDER TIPP *Magpie Café (14 Pier Road | Tel. 01947 602058 | www.magpiecafe.co.uk | €–€€).*

YORKSHIRE DALES NATIONAL PARK (144 A1–3) *(🗺 J–K 6–8)*
Besonders schön ist der Nationalpark (50 km) im August, wenn die Heide blüht. Doch auch zu den anderen Jahreszeiten sind die *dales*, die Täler, mit ihren Feldsteinmauern, sanften Hügeln und urigen Pubs faszinierend. In den hübschen Dörfern, ob *Reeth*, *Hawes* oder *East Witton*, scheint die Zeit stillzustehen. Informationszentrum in *Grassington (Tel. 0300 4560030 | www.yorkshiredales.org.uk).*

DER WESTEN

Viele Briten sind davon überzeugt, dass ihre Insel nirgendwo englischer ist als im „Heart of England“, im „Herzen Englands“.

Grüne Hügel und Dörfer, die ihr mittelalterliches oder georgianisches Stadtbild weitgehend bewahrt haben, werden jedem Klischee gerecht, und niemanden würde es überraschen, wenn Miss Marple, die resolute Privatdetektivin, um die nächste Ecke böge. Oxford mit der ältesten englischen Universität (12. Jh.) ist die berühmteste Stadt der Region. Ländlich-schön sind die nahe gelegenen ★ *Cotswolds.* Die im 16. und 17. Jh. aus honigfarbenem Sandstein erbauten Dörfer Broadway oder Bibury zählen zu den malerischsten auf der Insel. INSIDER TIPP Die Grafschaft Shropshire an der Grenze zu Wales ist ein Geheimtipp für all jene, die sonst schon alles in England gesehen haben. Abseits touristischer Ziele gibt es hier viel typisch Britisches zu entdecken: Gespenstisches z. B. im Pub The Dun Cow in Shrewsbury, der von Geistern längst verstorbener Mönche heimgesucht wird.

BIRMINGHAM

(139 D4) (*🕮 K12–13*) **Birmingham (1 Mio. Ew.) ist heute einer der wichtigsten Wirtschaftsstandorte Großbritanniens – und mit seiner großen Innenstadt zudem ein Einkaufsparadies.**

 Bild: Oxford

Oxford, Cotswolds, die Geburtsstadt Shakespeares und das unbekannte Shropshire – England wie im Bilderbuch

WOHIN ZUERST?

CITY

Ins **Zentrum,** wo Sie durch die Fußgängerzone, das Bullring-Einkaufszentrum und über die Märkte (Bullring Market, Rag Market) schlendern. Anschließend geht es auf einen Kaffee an die **Kanäle,** z. B. den Gas Street Basin. Fahren Sie mit Bahn oder Bus bis New Street Station, oder parken Sie im Bullring Centre, Moor Street.

Zahlreiche Nationalitäten leben hier, auch viele Iren. Deswegen gibt es in Birmingham alljährlich im März die nach Dublin und New York INSIDER TIPP drittgrößte Parade zum St. Patrick's Day *(www.stpatricksbirmingham.com).*
Die zweitgrößte Stadt des Lands war im 18. Jh. ein führendes Industriezentrum. Überbleibsel sieht man heute noch am *Brindleyplace* und um das *Gas Street Basin,* wo sich an den Kanälen Gaststätten und Geschäfte angesiedelt haben. *www.visitbirmingham.com/de*

Entdecken Sie Birminghams nasse Seiten per *narrow baot*

SEHENSWERTES

BACK TO BACKS

Schlendern Sie durch das Birmingham der industriellen Revolution: Diese Wohnhäuser sind so hergerichtet, wie sie im 19. Jh. zahlreichen Einwohnern als Bleibe dienten. Geführte Touren versetzen Sie sehr anschaulich zurück in die Vergangenheit. *Di–Fr 13–17, Sa/So 10–17 Uhr, Jan. geschl., Vorabbuchung erforderlich unter Tel. 0121 6667671 oder backtobacks@nationaltrust.org.uk | Eintritt £ 8,65 | 55–63 Hurst Street, 50–54 Inge Street | www.nationaltrust.org.uk/birmingham-back-to-backs*

MUSEUM OF THE JEWELLERY QUARTER

Die frühere Schmuckfabrik Smith and Pepper ist zu einem Museum umgebaut worden. Das Werk schloss in den Achtzigerjahren quasi über Nacht, weshalb noch das gesamte Inventar erhalten ist. Auch wenn hier kein Schmuck mehr fabriziert wird, gibt es INSIDER TIPP in der Gegend um die Vyse Street noch zahlreiche kleine Juwelierwerkstätten. *Di–Sa 10.30–16 Uhr | Eintritt £ 7 | 75–79 Vyse Street | www.jewelleryquarter.net*

THINKTANK

Ein Wissenschafts- und Technikmuseum zum Anfassen und Mitmachen. Mehr als 200 interaktive Displays bieten Abwechslung, außerdem gibt es ein Planetarium und ein Imax-Kino. *Tgl. 10–17 Uhr | Eintritt £ 13,50 | Millennium Point | www.birminghammuseums.org.uk/thinktank*

ESSEN & TRINKEN

PURNELL'S

Hervorragendes Restaurant in der Innenstadt mit moderner britischer Küche, das sogar einen Michelinstern erhalten hat. Die Karte ist nicht umfangreich, aber jedes Gericht (Fleisch, Fisch) ist eine Erfüllung. *55 Cornwall Street | Tel. 0121 2129799 | www.purnellsrestaurant.com* | €€€

THE WAREHOUSE CAFÉ

Alteingesessenes vegetarisches und veganes Restaurant mit internationaler Küche im Zentrum, das lokale Produkte und überwiegend Biolebensmittel verwendet. Untergebracht ist es in einem alten Lagerhaus – was den Namen erklärt. *54–57 Allison Street | Tel. 0121 6 33 02 61 |www.thewarehousecafe.com* | €

EINKAUFEN

CUSTARD FACTORY

In dem viktorianischen Fabrikgebäude produzierte Sir Alfred Bird einst sein berühmtes Puddingpulver – heute ist die Custard Factory ein Kulturkomplex mit vielen kleinen, originellen Läden: In der *Candy Factory* z. B. bekommen Sie Weingummi aus dem 3-D-Drucker. *Gibb Street | www.custardfactory.co.uk*

FREIZEIT & SPORT

KANALFAHRT

Mit 60 km Länge besitzt Birmingham tatsächlich ein größeres Netz an Kanälen als Venedig. Typisch sind die schmalen, langen Boote darauf, mit denen früher Waren transportiert wurden, heute sind es Touristen. Die Fahrt damit bietet nicht nur den Blick auf schmucke Häuser, sondern ist auch ein angenehmer Kontrast zum wuseligen Treiben in der Innenstadt. *Ostern–Okt. | £ 8 | International Convention Centre Quayside | www.sherbornewharf.co.uk*

AM ABEND

Die meisten Clubs, Kneipen und Restaurants finden sich in der und um die Broad Street. Ein angesagter Club ist das *Lab11 (Trent Street)*, den Abend beginnen viele in einer angesagten Bar wie dem *Walkabout (Broad Street)*.

ÜBERNACHTEN

BLOC BOUTIQUE BUDGET HOTEL

Das günstige, stylishe Hotel im Zentrum bietet kleine, aber schicke und moderne Zimmer. Keine Bleibe für einen langen Urlaub, aber für ein Wochenende ideal. *73 Zi. | Caroline Street | Tel. 0121 2 12 12 23 | www.blochotels.com* | €€

WOODBROOKE B & B

Das traumhafte Anwesen in Selly Oak, etwas außerhalb von Birmingham, war einst Domizil des Schokoladenfabrikanten George Cadbury. Heute ist das Haus ein komfortables B & B. *70 Zi. | 1046 Bristol Road | Tel. 0121 4 72 51 71 | www.woodbrooke.org.uk* | €€

MARCO POLO HIGHLIGHTS

★ **Cotswolds**
Idylle pur in honigfarbenen Dörfern → S. 52

★ **Stratford-upon-Avon**
Eine ganze Stadt dreht sich um den größten englischsprachigen Schriftsteller → S. 56

★ **Oxford**
Die älteste Universitätsstadt des Lands → S. 58

★ **Shrewsbury**
Mit über 660 denkmalgeschützten Häusern die schönste Tudorstadt → S. 63

★ **Ironbridge Gorge**
Das Industriezeitalter begann genau hier → S. 64

★ **Ludlow**
Wer exquisit speisen will, fährt nach Ludlow → S. 65

ZIELE IN DER UMGEBUNG

ALTHORP (139 F5) *(🕮 M13)*

Die 1997 bei einem Autounfall in Paris verstorbene Prinzessin Diana verbrachte viele Jahre ihrer Kindheit auf dem Familiensitz Althorp (16. Jh., 62 km). Auf einer Insel mitten im See liegt ihr Grab. Earl Spencer, Dianas Bruder, ließ die ehemaligen Ställe in ein Museum mit ihren Kleidern und Fotos umwandeln, schloss es jedoch 2013 wieder, um den ausufernden Fantourismus einzudämmen. Heute können noch der schöne Garten und einige Privaträume besichtigt werden. *Juli, Sept. einzelne Tage 13–17, Aug. tgl. 12–17 Uhr | Eintritt £ 18,50 | www.spencerofalthorp.com*

Anne Hathaway zog ihr Cottage in Stratford dem Großstadtleben vor

STRATFORD-UPON-AVON ★ (139 D5) *(🕮 K13)*

William Shakespeare kam 1564 in Stratford-upon-Avon (23 000 Ew., 50 km) am Fluss Avon zur Welt. Hier verbrachte er die ersten 30 Jahre seines Lebens und kehrte noch einmal von 1610 bis zu seinem Tod am 23. April 1616 zurück. Alles in der Stadt ist mit dem Wirken des berühmten Schriftstellers und seiner Familie verbunden: das *Geburtshaus* in der Henley Street mit dem Museum über sein Leben, *Hall's Croft*, das Haus seiner Tochter in der Old Town Street, und das mit Schilf gedeckte *Cottage seiner Frau* Anne Hathaway im Ortsteil Shottery. Seine Mutter wohnte in Glebe Farm, nun *Farm Mary Arden (fünf Museen mit unterschiedlichen Öffnungszeiten, meist tgl. 10–17 Uhr | Ticket für alle Häuser £ 22,50, Geburtshaus £ 17,50 | www.shakespeare.org.uk)*. Im ● *Royal Shakespeare Theatre, Courtyard Theatre* und *Swan Theatre (alle: Tel. 0844 8 00 11 10 | www.rsc.org.uk)* halten die besten Schauspieler und Regisseure des Lands die Werke des Dichters lebendig. Angemessen übenachten können Sie im *Alveston Manor (114 Zi. | Clopton Bridge | Tel. 01789 20 54 78 | www.macdonaldhotels.co.uk/alvestonmanor | €€€)*, wo die Uraufführung des „Sommernachtstraums" stattgefunden haben soll. Heute ist das alte Fachwerkanwesen ein luxuriöses Hotel am Fluss. *Auskunft: Tourist Information Centre (TIC) | Bridgefoot | Tel. 01789 26 42 93 | www.discover-stratford.com*

WARWICK CASTLE (139 E5) *(🕮 K13)*

Die von Wilhelm dem Eroberer 1068 erbaute Festung (15 km) ist die am besten erhaltene englische Burg des Mittelalters. Ihr zu Füßen hat sich im Lauf der Jahrhunderte ein hübscher, kleiner Ort entwickelt. In Warwick Castle sind Gemälde, Möbel und Rüstungen zu sehen, zusätzlich gibt es Veranstaltungen wie Falkenfliegen, historisches Kochen und Ritterturniere. *Tgl. 10–17 Uhr | Eintritt £ 19 | Tel. 0871 2 65 20 00 (*) | www.warwick-castle.co.uk*

CHELTENHAM

(139 D6) (*K14*) **So etwas wie das Baden-Baden Englands: Schon Königin Victoria, Jane Austen und Charles Dickens kurten in Cheltenham (115 000 Ew.).**

Bis heute ist die elegante Bäderstadt mit den vielen Parks für ihre Literaturfestivals *(Mitte Okt. | www.cheltenhamfestivals.com)* sowie für ihre Jazz- und Folkkonzerte berühmt, die in der barocken *Town Hall* und im 1830 fertiggestellten *Pittville Pump Room* stattfinden. An vielen Wochenenden ist die Pferderennbahn die Attraktion. Außerdem ist der Ort ein idealer Ausgangspunkt für Ausflüge in die Cotswolds, die von Gras und Hügeln geprägte Landschaft zwischen Avon und Themse. Die Touristinformation organisiert mit „The Romantic Road" ausgewiesene Touren.

ESSEN & TRINKEN

LE CHAMPIGNON SAUVAGE

Klares Design, schnörkellose Gerichte: Dieses von der französischen Küche beeinflusste Lokal wurde mehrfach für seine fein aufeinander abgestimmten Menüs ausgezeichnet. *24 Suffolk Road | Tel. 01242 57 34 49 | www.lechampignonsauvage.co.uk | €€–€€€*

FREIZEIT & SPORT

COTSWOLD WATER PARK

Windsurfen, Segeln, Wasser- und Jetski: In dieser idyllischen Seenlandschaft können Sie sich verausgaben. *Südlich Cirencester an der A 419 | Tel. 01793 75 22 41 3 | www.waterpark.org*

ÜBERNACHTEN

STROZZI PALACE

Edles Boutiquehotel in einem venezianischen Gebäude im Zentrum von Cheltenham. Es gibt nur sechs Zimmer, jedes aber hat seinen individuellen Charme. *55 St George's Place | Tel. 01242 65 00 28 | www.strozzipalace.co.uk | €€€*

AUSKUNFT

TOURIST INFORMATION CENTRE (TIC)

Cheltenham Art Gallery & Museum | Clarence Street | Tel. 01242 23 74 31 | www.visitcheltenham.com

ZIELE IN DER UMGEBUNG

BIBURY (135 D1) (*K15*)

Der Künstler William Morris (1834–1896), berühmt für sein Tapeten- und Stoffdesign, bezeichnete Bibury (25 km) einst als schönstes Dorf Englands. Das könnte heute noch gelten – dank sandfarbener Steinhäuser und einer bunten Blumenpracht. Hier finden Sie das *Hotel Swan (Tel. 01285 74 06 95 | www.cotswoldsfinesthotels.com | €€€)* mit 18 luxuriösen Zimmern.

Im 3 km südwestlich von Bibury gelegenen *Barnsley* (B 4425) ist der INSIDER TIPP *Village Pub* *(Tel. 01285 74 04 21 | €€)* eine Einkehr wert – wegen seines sensationell guten Essens. Das ist kein Zufall, denn der Koch stand früher in Londoner Spitzenrestaurants am Herd.

BOURTON-ON-THE WATER (139 D6) (*K14*)

Der Beiname „Venedig der Cotswolds" ist vielleicht etwas übertrieben, aber entlang des Flüsschens Windrush ist im

Lauf der Jahrhunderte ein bilderbuchhafter Ort (20 km) aus Sandsteingebäuden entstanden, der zu den Höhepunkten der Gegend zählt. Hier finden Sie auch das *Cotswold Motor Museum (Feb.–Nov. 10–18 Uhr | Eintritt £ 5,75 | The Old Mill | www.cotswoldmotoringmuseum.co.uk)*, das u. a. alte britische Autos zeigt.

BROADWAY (139 D6) *(K14)*
Einer der beliebtesten Orte der Cotswolds (30 km), vor allem wegen der vielen Antiquitätengeschäfte. Vom *Broadway Tower (tgl. 10–17 Uhr | Eintritt £ 5 | broadwaytower.co.uk)* haben Sie einen phantastischen Blick auf das Severn-Tal. Auch in den Untergrund können Sie schauen: An den Wochenenden *(April–Okt.)* wird ein früherer Atombunker auf dem Gelände geöffnet. Berühmt ist der *Lygon Arms (69 Zi. | Tel. 01386 85 22 55 | www.lygonarmshotel.co.uk | €€€)*. In diesem alten, sehr stilvollen Hotel begaben sich bereits Oliver Cromwell und König Charles I. zur Ruhe.
Das INSIDER TIPP *Mount Inn (Tel. 01386 58 43 16 | www.themountinn.co.uk | €€)* in *Stanton* (5 km von Broadway) bietet leckeres Essen von Fisch bis Steak und einen genialen Blick auf die honiggelben Fassaden der Cotswolds.

PAINSWICK (134 C1) *(J15)*
Painswick (17 km) könnte auch eine Filmkulisse sein: Der kleine Ort aus Sandsteincottages und Fachwerkhäusern wirkt so perfekt, als sei er inszeniert. Außergewöhnlich dank kleiner Häuschen und wunderschöner Pflanzen ist der *Painswick Rococo Garden (Jan.–Okt. tgl. 11–17 Uhr | Eintritt £ 7,50 | www.rococogarden.org.uk)* aus dem 18. Jh. Mit seinen geometrischen Wegen und Beeten ist er sogar im Winter ein beliebtes Ziel.

OXFORD

(135 F1) *(L15)* **Wann genau die Universität Oxford gegründet wurde, ist nicht exakt festzustellen – die ältesten Nachweise stammen aus dem 11. Jh. Fakt jedoch ist, dass ★ Oxford (150 000 Ew.) eine einzigartige Institution ist –**

PUBLIC SCHOOLS

Der Name ist verwirrend, denn *public schools* (wörtlich übersetzt: öffentliche Schulen) sind Privatschulen. In vergangenen Jahrhunderten unterschied man mit diesem Begriff zwischen jungen Adligen, die auf eine Schule gingen, und denen, die zu Hause von Privatlehrern unterrichtet wurden. Eine angesehene *public school* ist die 1552 gegründete Shrewsbury School, die am hohen Severn-Ufer in einem 60 ha großen Gelände liegt. Berühmtester ehemaliger Schüler ist der Evolutionswissenschaftler Charles Darwin. Die bekannteste *public school* ist Eton College bei Schloss Windsor, die für die Prinzen William und Harry die natürliche Wahl war ebenso wie für zig spätere Premierminister. Im 19. Jh. stählten diese Kaderschmieden des britischen Weltreichs junge Männer für zukünftige Aufgaben in fernen Ländern. Heute gibt man sich moderner, öffnet auch für Mädchen die Pforten und ist im nicht kolonialen Sinne weltoffen: Seit 2003 hat Shrewsbury School eine Filiale in Bangkok.

Auch Oxford hat eine „Seufzerbrücke" – sie verbindet zwei Gebäude des Hertford College

die älteste englischsprachige Universität der Welt und britische Eliteschmiede. Allein das Christ Church College hat 13 Premierminister hervorgebracht.

Am besten lernen Sie Oxford auf einer Stadttour kennen. INSIDER TIPP *Footprint Tours* *(Sept.–Juni tgl. 11, 12.30, 14, Sa/So auch 15.30 Uhr | 5 Broad Street | www.footprints-tours.com)* bietet einfache kostenlose Führungen an: Am Ende zahlen Sie nur, was es Ihnen wert war – oder gar nichts. Wer kann, sollte im Mai oder Juni kommen, wenn die Studenten Kähne auf der Themse staken und Theateraufführungen in den College-Gärten stattfinden. Ausführliche Informationen finden Sie im MARCO POLO Band „Oxford".

SEHENSWERTES

ASHMOLEAN MUSEUM

Ein Museum internationalen Rangs: Zu bewundern sind in 39 Galerien kostbare Skulpturensammlungen, Keramik, chinesische und islamische Kunst und Textilien. Ein Dachrestaurant mit großer Terrasse bietet einen großartigen Blick. *Di–So 10–17 Uhr | Beaumont Street | Eintritt frei | www.ashmolean.org*

BOTANISCHER GARTEN UND MAGDALEN COLLEGE

Der Park wurde 1621 als erster botanischer Garten Englands eröffnet; die Pflanzen benötigte man für medizinische Zwecke und den Botanikunterricht *(tgl. 9–16, Mai–Aug. bis 18 Uhr | Eintritt £ 5 | www.botanic-garden.ox.ac.uk).* Gleich gegenüber liegt das *Magdalen College (tgl. 13–18 Uhr | Eintritt £ 6)* mit einem Glockenturm aus dem 15. Jh. Hier singt am 1. Mai der Chor lateinische Choräle. Das College hat eine riesige Parkanlage, die Ausgangspunkt für einen Spaziergang entlang dem Fluss Cherwell ist.

CHRIST CHURCH COLLEGE

Sicherlich das großartigste aller Colleges, 1525 von Kardinal Wolsey gegründet.

Dieser führte auch die Verhandlungen um die Scheidung Heinrichs VIII. von Katharina von Aragon, die die Loslösung der englischen Kirche von Rom zur Folge hatte. Die Turmglocke, Great Tom, läutet jeden Abend um 21.05 Uhr genau 101-mal, denn früher studierten hier 101 Studenten. Der ungewöhnliche Zeitpunkt hat seine Bewandnis, denn Oxford liegt fünf Minuten westlich von Greenwich, sodass es genau 21 Uhr Oxford-Zeit ist. Sehenswert sind die *Great Hall*, Vorbild für die Mensaszenen der Harry-Potter-Filme, *Christ Church Cathedral* (12. Jh.) und die *Picture Gallery* mit Gemälden und Zeichnungen u. a. von da Vinci und Dürer. *www.chch.ox.ac.uk; College: Mo–Sa 10–16.15, So ab 13 Uhr | Eintritt £ 10; Galerie: Okt.–Juni Mo, Mi–Sa 10.30–16.30, So ab 14, Juli–Sept. Mo–Sa 10.30–17, So ab 14 Uhr | Eintritt £ 4*

SHELDONIAN THEATRE

Der runde Bau ist ein Frühwerk von Christopher Wren, dem Erbauer der Londonder St.-Paul's-Kathedrale, und eines der wichtigsten Gebäude der Universität. Hier finden die feierliche Übergabe der Diplome und alljährlich im Juni die Verleihung von Ehrentiteln statt. *Mo–Sa 10–16.30, Mai–Sept. auch So, Dez./Jan. bis 15 Uhr | Eintritt £ 3,50 | Broad Street | www.sheldon.ox.ac.uk*

UNIVERSITY CHURCH OF ST. MARY

Sie mag nur ein ganz normales gotisches Gotteshaus sein, doch vom Turm der Universitätskirche haben Sie einen phantastischen Blick über Oxford. Der Bau, zu dem ein *coffee shop* gehört, stammt aus dem 13.–15. Jh. *Mo–Sa 9.30–17, So 11.30–17, Juli/Aug. bis 18 Uhr | Turmbesteigung £ 4 | High Street | www.university-church.ox.ac.uk*

ESSEN & TRINKEN

BROWNS

Die englische Brasserie in einer früheren Morris-Autowerkstatt ist ein Phänomen: Seit ihrer Eröffnung gilt sie in Oxford als Institution, bietet fein gewürzte engli-

Christ Church College ist eines der größten und bedeutendsten Colleges Oxfords

sche Küche mit einem Hauch Cuisine française. Guter *afternoon tea! 5–11 Woodstock Road | Tel. 01865 511995 | www.browns-restaurants.co.uk* | €–€€

TURF TAVERN

Hübsch verstecktes Haus aus dem 13. Jh. in einer Gasse abseits der Holywell Street. Die kurze Suche lohnt sich, vor allem wegen des Biergartens im Sommer. Es gibt klassische Pubküche und viele Biere vom Fass. *4 Bath Place | Tel. 01865 243235 | short.travel/eng18* | €

EINKAUFEN

INSIDER TIPP MARKTHALLE

Die schönen Lebensmittelstände und preiswerten Cafés in der alten Markthalle zeigen, dass Oxford nicht nur Geistiges im Sinne hat. Eine Treppe führt zum gemütlichen *Georgina's (€)* in der ersten Etage. Hier treffen Sie Studenten bei einer Kuchenpause. *High Street*

THE UNIVERSITY OF OXFORD SHOP

Das Geschäft gehört der Uni und ist das einzige, das die komplette Oxford-Kollektion (Rugbyhemden, T-Shirts, Mützen, Taschen ...) führt. *106 High Street | www.oushop.com*

FREIZEIT & SPORT

Punting, also mit gestakten Kähnen umherschippern, ist bei Studenten beliebt, aber auch Besucher können sich darin versuchen. Allerdings ist es nicht ganz einfach: Man kann leicht abdriften. Einen Bootsverleih gibt es bei der Magdalen Bridge *(Tel. 01865 202643)*. Im Sommer ist ein Versuch beim *Cherwell Boat House (Bardwell Road | Tel. 01865 515978 | £ 17–22/Std.)* zu empfehlen.

Gut 30 Minuten *punting* und ein kurzer Weg über die Wiese führen zum INSIDER TIPP *Victoria Arms Pub (www.victoriaarms.co.uk)*. Mit seinem großen Garten ist er perfekt für einen Sommerdrink. Wer nicht selbst staken will, kann sich ein Boot mit *punter* mieten *(£ 32/30 Min.)*. Laufen geht natürlich auch ...

AM ABEND

EAGLE & CHILD

Eigentlich ist es nur ein normaler alter Pub, dennoch genießt das Eagle & Child unter Studenten wie Touristen Kultstatus, denn hier trafen sich bereits J. R. R. Tolkien („Herr der Ringe") und C. S. Lewis („Die Chroniken von Narnia"), später war Colin Dexter („Inspektor Morse") ein oft gesehener Gast. *49 St. Giles | short.travel/eng17*

SHAKESPEARE IM GARTEN

An Sommerabenden finden Freilichttheateraufführungen (u. a. Shakespeare) in den herrlichen Collegegärten statt. *www.creationtheatre.co.uk*

ÜBERNACHTEN

INSIDER TIPP B & B RAFTERS

Gäste werden in dem Boutique-Style-Gästehaus mit geschmackvoll eingerichteten Zimmern und wunderbarem Frühstück verwöhnt. *4 Zi. | 363 Abingdon Road | Marcham | Tel. 01865 391298 | www.bnb-rafters.co.uk* | €€

MACDONALD RANDOLPH

Sind Sie Fan der Krimiserien „Morse" und „Lewis"? Dann ist Ihnen dieses Hotel mit seinen 151 noblen, leicht verkitschten Zimmern und vor allem dessen Bar bestens bekannt. Einige Fälle spielen sogar in den altehrwürdigen Räumen gegenüber dem Ashmolean Museum. *151 Zi. | Beaumont Street | Tel. 01865 256400 | short.travel/eng1* | €€€

MALMAISON

Der bis 1995 als Gefängnis benutzte viktorianische Bau, der an der Stelle einer Burg von 1071 errichtet wurde, erfuhr eine erstaunliche Wandlung zu einem schicken Boutiquehotel. Keine Sorge: Hinter Gittern müssen Sie hier nicht (mehr) übernachten. *94 Zi. | 3 New Road | Oxford Castle | Tel. 084469 30659 | www.malmaison.co.uk* | €€€

AUSKUNFT

TOURIST INFORMATION CENTRE (TIC)

Das TIC ist Ausgangspunkt für geführte Spaziergänge. *15–16 Broad Street | Tel. 01865 686430 | www.visitoxfordandoxfordshire.com*

LOW BUDG€T

Die Pubkette *Wetherspoon (www.jdwetherspoon.co.uk)* z. B. bietet günstige Gerichte sowie mehrmals wöchentlich Themenangebote wie einen Currytag zum Schnäppchenpreis. Filialen gibt es u. a. in Birmingham und Stratford-upon-Avon.

Theaterschnäppchen in *Stratford-upon-Avon* für alle, die jünger als 25 sind: Täglich können 40 Karten für nur £ 5 vorbestellt werden, zehn werden am Tag der Aufführung im Courtyard Theatre vergeben. Jeden Freitag gibt es außerdem ausgesuchte Tickets für jedermann für £ 10. *www.rsc.org.uk*

Manche der Colleges in Oxford erheben nur eine bescheidene Eintrittsgebühr: *Merton College (Merton Street)*, *University College (High Street)* und *New College* kosten lediglich £ 2–4 Eintritt.

ZIELE IN DER UMGEBUNG

BLENHEIM PALACE (135 E1) (*🕮 L14*)

Auf dieses Anwesen blickt manches Adelsgeschlecht ein wenig neidvoll: Blenheim (12 km nördl.) mit seinem weitläufigen Park zählt zu den imposantesten Gebäuden seiner Art. John Churchill, Herzog von Marlborough, erhielt als Dank für seinen Sieg über die Franzosen in der Schlacht von Blenheim 1704 Geld, um sich diesen Palast zu bauen. Die Architekten schufen ein Meisterstück barocker Baukunst. Bekannt ist Blenheim Palace aber vor allem als Geburtsort von Winston Churchill. Seine Sammlung von Briefen, Büchern und Gemälden ist sehenswert. Witzig sind die Reiseberichte an seinen Vater, in denen der junge Churchill akribisch beschreibt, wo das ganze Geld geblieben ist. Blenheim ist mit einer Schmalspureisenbahn, einem 850 ha großen Park und dem größten Irrgarten der Welt auch ein schönes Ausflugsziel für Kinder. *Tgl. 10.30–17 Uhr | Eintritt Palast und Garten £ 26 | www.blenheimpalace.com*

INSIDER TIPP WADDESDON MANOR (136 A1) (*🕮 M14*)

Willkommen in Frankreich: Dieses im 19. Jh. erbaute Renaissanceschlösschen der Familie Rothschild könnte äußerlich auch jenseits des Ärmelkanals stehen. Auch innen ist es ganz unbritisch mit dem Prunk vergangener Tage ausgestattet. Die Rothschilds pflegten hier ihre Wochenendpartys zu feiern. Jedes Jahr im Juni findet auf dem Anwesen das Kulturfestival „Mad About Waddesdon“ statt mit Livemusik, Tanz und Theater. *Mi–So 10–17 Uhr | Eintritt £ 22 (unbedingt online reservieren!) | www.waddesdon.org.uk*

SHREWS-BURY

(138 B3) (🕮 H12) **Das an der Severn-Schleife gelegene ★ Shrewsbury (70 000 Ew.) mit seinen vielen Fachwerkhäusern ist die wohl schönste Tudorstadt der gesamten Britischen Inseln.** Es zählt über 660 denkmalgeschützte Bauten, darunter die *Old Market Hall* (1596), in der früher die reichen Wollfarmer und Tuchhändler verhandelten, oder die alte *Stadtbibliothek* von 1598. Davor das Denkmal von Charles Darwin, der 1808 in Shrewsbury geboren wurde. Mittelalterlich verwinkelt sind *Grope Lane, Butcher Row* und *Milk Street,* enge Passagen, die *shuts* genannt werden.

Das Monument „The Quantum Leap" (Der Quantensprung) im Geo-Park am Fluss Severn erinnert an Charles Darwin.

SEHENSWERTES

SHREWSBURY ABBEY

Die Abteikirche am westlichen Severn-Ufer mag nicht die schönste im ganzen Land sein, sie ist aber u.a. wegen des mit Wappen verzierten Westfensters sehenswert. Der Bau aus rotem Sandstein stammt aus der Zeit nach der normannischen Eroberung, als Benediktiner an dieser Stelle ein ganzes Kloster gründeten. Die Kirche ist in England vor allem wegen der Krimireihe „The Cadfael Chronicles" bekannt, die hier spielt. *Tgl. 10–16, Nov.–März 10.30–15 Uhr | Eintritt frei | Abbey Foregate | www.shrewsbury abbey.com*

SHREWSBURY MUSEUM & ART GALLERY

In der wunderschönen alten *music hall* hat ein Museum sein Zuhause gefunden. Es erzählt die Geschichte der Stadt und Region von den Römern bis in die Neuzeit. In den wechselnden Sonderausstellungen geht es aber auch um viel profanere Dinge wie z. B. Lego-Figuren. Und

Der „Quantum Leap" wurde anlässlich des 200. Geburtstags Darwins errichtet

freuen Sie sich auf den hausgemachten Kuchen zum Tee, den Sie nach dem Rundgang im schlichten, aber netten Café bekommen. *Tgl. 10–17 Uhr | Eintritt £ 4,50 | The Square | www.shrewsburymuseum.org.uk*

ESSEN & TRINKEN

THE DUN COW

Der Pub mit Steakrestaurant blickt auf eine lange Tradition zurück: 1085 kehrte man hier schon ein. Das alte Fachwerkgebäude birgt auch innen Zeugnisse seiner langen Geschichte – und Übersinnliches: Die Besitzer sind fest davon überzeugt, dass es in ihrem Gasthaus spukt. *171 Abbey Foregate | Tel. 01743 35 64 08 | www.theduncow.co.uk | €*

EINKAUFEN

THE PARADE SHOPPING CENTRE

30 kleine Geschäfte in einem 200 Jahre alten Haus, das ursprünglich mal eine Klinik war. Von der Caféterrasse aus hat man einen schönen Blick auf den Fluss. *www.paradeshops.co.uk*

AUSKUNFT

TOURIST INFORMATION CENTRE (TIC)

The Music Hall | The Square | Tel. 01743 25 88 88 | www.visitshrewsbury.co.uk

Die erste eiserne Brücke der Welt überspannt den Fluss Severn

ÜBERNACHTEN

ABBEY COURT HOUSE

Preiswert kommen Sie in einem ehemaligen Kutscherhaus in Abteinähe unter. Eine sehr einfache, aber nicht ungemütliche Heimat auf Zeit. *10 Zi. | 134 Abbey Foregate | Tel. 01743 36 44 16 | www.abbeycourt.biz* | €

LION & PHEASANT HOTEL

Schickes Hotel in einem alten Fachwerkgemäuer aus dem 16. Jh. *20 Zi. | 50 Wyle Cop | Tel. 01743 77 03 45 | www.lionandpheasant.co.uk* | €€–€€€

ZIELE IN DER UMGEBUNG

IRONBRIDGE GORGE ★

(138 C3) *(J12)*

Im Museumskomplex um die Ironbridge Gorge, 20 km südöstlich von Shrewsbury (B 4380) steht die erste Eisenbrücke der Welt (1777–1779), die den Beginn des Industriezeitalters markiert. Die ganze Gegend wurde 1986 zum Weltkulturerbe erklärt. Insgesamt gibt es zehn Museen entlang der Schlucht, in denen die Geschichte der industriellen Revolution vermittelt wird (s. S. 114). Beginnen Sie Ihre Tour mit dem *Museum of the Gorge* in einem umgebauten Lagerhaus (1840). Das *Coalbrookdale Museum of Iron (tgl. 10–17 Uhr | ein Jahr gültiges Passport-Ticket für alle Museen £ 25 |*

www.ironbridge.org.uk) befindet sich direkt neben dem Schmelzofen, in dem erstmals 1709 Eisen mit Koks geschmolzen wurde. Eine Übernachtung lohnt sich, z. B. im *The Golden Ball Inn (4 Zi. | Newbridge Road | Tel. 01952 43 21 79 | www.goldenballironbridge.co.uk | €€)*, dem ältesten Gasthaus der Schlucht mit Pub.

LUDLOW ★ (138 B4) (*🕮 H13*)

Viele wissen gar nicht, wohin sie zuerst schauen sollen: auf die majestätische Burganlage (*März–Okt. tgl. 10–17, Nov./Dez./Feb. bis 16, Jan. Sa/So 10–16 Uhr | Eintritt £ 5)*, die Anfang Juli zur Open-Air-Theaterkulisse wird, auf die liebevoll restaurierten Fachwerkhäuser oder die hübschen georgianischen Neubauten. Das im 12. Jh. entstandene Ludlow (10 000 Ew., 30 km) gilt als Inbegriff einer englischen Provinzkleinstadt. Aber es ist auch gastronomische Hochburg mit einem kulinarischen Festival am zweiten Septemberwochenende, ausgezeichneten Lebensmittelgeschäften und hervorragenden Restaurants: Speisen Sie in *The Cliffe (6 Halton Lane | Tel. 01584 87 20 63 | www.thecliffeatdinham.co.uk | €€)*, einem freundlichen Restaurant mit Blick auf die Burg. Berühmteste Unterkunft ist das luxuriöse *Feathers Hotel (42 Zi. | Bull Ring | Tel. 01584 87 52 61 | www.feathersatludlow.co.uk | €€€)* – 300 Jahre alt und von wunderschöner Tudor-Architektur geprägt.

11 km nordwestlich von Ludlow abseits der A 49 liegt *Stokesay Castle (März–Sept. tgl. 10–18, Okt.–Feb. Sa/So 10–16 Uhr | Eintritt £ 7,60)*. Der befestigte Herrensitz aus dem 13. Jh. ist eine Augenweide, die Laurence of Ludlow, damals Englands erfolgreichster Wollhändler, erbauen ließ.

LESEHUNGER & AUGENFUTTER

It's teatime, my dear – Der amerikanische Journalist Bill Bryson hat vor 30 Jahren mit „Reif für die Insel" das Standardwerk der internationalen Reiseliteratur geschrieben. Für diesen 2017 erschienenen Nachfolger ist er noch einmal zu einer Tour über die Insel aufgebrochen, um die Skurrilitäten Englands aufzuspüren. Unterhaltsam und kurzweilig.

Fettnäpfchenführer Großbritannien – MARCO POLO Koautor Michael Pohl schickt in diesem 2013 erschienenen Episodenbuch einen ahnungslosen Deutschen auf die britische Insel, der sich mit dem dortigen Alltag schwertut. Seine Fettnäpfchen spiegeln manche Seltsamkeit des englischen Alltags.

Downton Abbey – Die ab 2010 produzierte ITV-Fernsehserie ist ein Spiegelbild der britischen Geschichte. Ausgehend vom Adelssitz Downton Abbey (gedreht auf Highclere Castle nahe Newbury) werden Ereignisse zwischen den Weltkriegen anhand einer gut inszenierten Familiensaga erzählt. Auf Streamingplattformen sowie auf DVD.

Mr. Holmes – die etwas andere Geschichte des Sherlock Holmes, erschienen 2015: Der störrische, alternde Detektiv hat sich in sein Landhaus in Sussex zurückgezogen und erlebt dort mühsam, was es heißt, Beziehungen zu anderen Menschen aufzubauen. Tolle Aufnahmen von der englischen Südküste um die Seven Sisters inklusive.

DER OSTEN

Bei einer Fahrt durch das einstige Königreich East Anglia nordöstlich von London fallen die vielen Windmühlen auf, außerdem Fachwerkhäuser und hochherrschaftliche Anwesen. Ganz zu schweigen von den vielen mittelalterlichen Kirchen. Mehr als 500 sollen es zwischen Colchester im Süden, Hull im Norden, Cambridge im Westen und Aldeburgh im Osten sein. Die Landschaft ist sanfthügelig, der Himmel unendlich, was schon die berühmtesten Söhne der Region, die Maler John Constable (1776–1837) und Thomas Gainsborough (1727–1788), inspirierte. Die Landstriche, die Sie auf Wanderungen, Radtouren oder Bootsfahrten durch Constable Country kennenlernen, scheinen einem jener Gemälde des 18. Jhs. entsprungen zu sein.

Noch im Mittelalter war East Anglia der bedeutendste Wirtschaftsstandort Englands. Besonders begehrt war das in der Region hergestellte Tuch. Mit der Erfindung der Dampf- und Webmaschinen wanderte die englische Textilindustrie dann aber nach Norden ab. Gut für die Besucher heute, denn viele bezaubernde Orte blieben dadurch in ihrem ursprünglichen Aussehen erhalten wie die mittelalterliche Kathedralenstadt Norwich. Obwohl nach außen das mittelalterliche Image gepflegt wird, sind die Städte ausgesprochen dynamisch. So hat sich die Universitätsstadt Cambridge zum englischen Silicon Valley entwickelt. Und auch das Pferdesportzentrum in Newmarket, das interessante touristische Einblicke gewährt, ist Weltspitze.

 Bild: Norfolk Broads

Windmühlen, Fachwerkhäuser und imposante Herrensitze beeindrucken in der wunderschönen Landschaft East Anglias

CAMBRIDGE

(141 D5) (*🗺 O13*) **Die weltberühmten Colleges und ihre Studenten bestimmen bis heute die Atmosphäre von ★ Cambridge (130 000 Ew.).**

Die ideale Einstimmung auf Cambridge ist eine Fahrt in einem der *punts,* jener flachen Stechkähne, auf dem Fluss Cam. Leihen Sie sich an der *Silver Street Bridge* ein Boot (s. S. 70), und gleiten Sie unter der Bridge of Sighs, einem Nachbau der venezianischen Seufzerbrücke (1831), durch und an Gärten und Collegegebäuden vorbei. Die Geburtsstunde der Universität lässt sich genau festmachen. Angeblich hatte ein Oxforder Student im Jahre 1209 eine Bewohnerin Oxfords ermordet. Daraufhin ergriffen die wütenden Städter den – wie sich später herausstellte – unschuldigen Studenten und henkten ihn. Das veranlasste eine Gruppe seiner Kommilitonen, der unwirtlichen Stadt den Rücken zu kehren und sich in Cambridge anzusiedeln. Insofern

Räder wie hier vor dem King's College gehören zum Stadtbild Cambridges, Englands Fahrradstadt

gilt als Gründungsjahr der University of Cambridge das Jahr 1209 – damit ist sie die zweitälteste Uni nach Oxford in der englischsprachigen Welt. Berühmte Wissenschaftler, Künstler, Philosophen und Politiker, darunter mehr als 60 Nobelpreisträger, lernten und lehrten hier. Heute ist die Region um Cambridge durch die Partnerschaft zwischen Wissenschaft und Industrie eine dynamische Wirtschaftsregion mit einer hohen Konzentration junger IT-Unternehmen.

SEHENSWERTES

FITZWILLIAM MUSEUM

Viscount Fitzwilliam hinterließ der Universität 1816 seine wertvolle Sammlung europäischer Malerei, griechischer, römischer und ägyptischer Skulpturen und chinesischen Porzellans. Später kamen Bilder der Impressionisten dazu, antike Möbel und Waffen. Der Bau des neoklassizistischen Gebäudes wurde 1837 begonnen. Es war eines der ersten öffentlichen Museen des Lands. *Di–Sa 10–17, So 12–17 Uhr | Eintritt frei | Trumpington Street | www.fitzmuseum.cam.ac.uk*

KETTLE'S YARD

„Jim" Ede, ein ehemaliger Angestellter der Tate Gallery in London, stellte 1957 sein Haus jungen Künstlern zum Leben und Arbeiten zur Verfügung. Das Resultat ist eine interessante Sammlung der Kunst des 20. Jhs. 1966 stiftete die Familie Haus und Sammlung der Uni, die sie für die Öffentlichkeit zugänglich machte. *Di–So 11.30–17 Uhr | Eintritt frei | Castle Street | www.kettlesyard.co.uk*

KING'S COLLEGE

Heinrich VI. legte 1440 den Grundstein dieses Colleges, und so ziert seine Statue den Innenhof. Mehrere Könige nach ihm setzten das grandiose Bauwerk fort. Zu den berühmten Absolventen gehören der Schriftsteller E. M. Forster, Filmregisseur Derek Jarman und der Ökonom John Maynard Keynes. Die Kapelle mit ihren Glasfenstern (16. Jh.) zählt zu den schönsten Bauwerken Englands. Kleine

Ausstellung zur Geschichte des Baus. *Tgl. 9.30–16.30, während des Semesters bis 15.30, So 13.15–14.30 Uhr | Eintritt £ 9 | King's Parade | www.kings.cam.ac.uk*

TRINITY COLLEGE

1546 von Heinrich VIII. gegründet, ist dieses College das größte überhaupt, mit einem gigantischen Innenhof, dem Great Court (10 000 m²). Rechts vom Eingang steht ein Ableger jenes Apfelbaums, der durch Trinity-Student Isaac Newton berühmt wurde. Unter dem Baum liegend soll er das Prinzip der Schwerkraft entdeckt haben, nachdem ihm ein Apfel auf den Kopf gefallen war. Christopher Wren, Architekt von St. Paul's in London, erbaute die *Bibliothek,* die mehr als 55 000 vor 1820 gedruckte Bücher beherbergt. Darunter INSIDER TIPP das Original von „Winnie the Pooh", der Geschichte des kleinen Bären. *Tgl. 10–16.30 Uhr | Eintritt £ 3, Bibliothek frei | Trinity Street | www.trin.cam.ac.uk*

ESSEN & TRINKEN

JAMIE'S ITALIAN

Italienische Küche im geschmackvoll gestalteten Lokal von Fernsehkoch Jamie Oliver, der seit Jahren unermüdlich mit Aktionen zur gesunden Ernährung im Land beiträgt. Wuselig und oft ausgebucht, aber immer ein Erlebnis. *The Old Library | Wheeler Street | Tel. 01223 65 40 94 | www.jamieoliver.com* | €€€

MIDSUMMER HOUSE

Das mit zwei Michelinsternen ausgezeichnete Restaurant bietet die beste Küche der Region. Manche sagen auch, die beste Weinkarte außerhalb Paris. Das hat natürlich seinen Preis, und Sie müssen reservieren. *Midsummer Common | Tel. 01223 36 92 99 | www.midsummerhouse.co.uk* | €€€

STICKYBEAKS CAFÉ

Kleines, einfaches Café im Zentrum von Cambridge. Gutes Frühstück und ständig wechselnde Mittagsgerichte. Guter Kaffee. *49 Hobson Street | Tel. 01223 35 93 97 | www.stickybeakscafe.co.uk* | €

FREIZEIT & SPORT

FAHRRADFAHREN

Alle in Cambridge fahren Rad, wenn sie nicht gerade *punten.* Auch in der Umgebung radelt es sich gemütlich, denn die Gegend ist flach. Fahrradverleih: *Rutland Cycling | Corn Exchange Street | Tel. 01223 30 76 55 | www.rutlandcycling.com*

PUNTING

Punting ist der Sport in Cambridge – immer amüsant, manchmal mit feuchtem Ende. Wer sich nicht zutraut, selbst ein Boot zu steuern, kann Studenten anheuern, die diesen bevorzugten Ferienjob gern machen. Ein Tagestrip ist die Tour von Cambridge in das 6 km entfernte

MARCO POLO HIGHLIGHTS

★ **Cambridge**
Universitätsstadt mit der weltweit bekannten Eliteschmiede
→ S. 67

★ **Newmarket**
Pferderennen im berühmtesten Reitsportzentrum der Welt
→ S. 71

★ **Norwich**
Die mittelalterliche Stadt hat die meisten Kirchen im Land
→ S. 74

★ **Norfolk Broads**
42 Seen und ein Labyrinth von Wasserwegen → S. 77

INSIDER TIPP Grantchester mit obligatorischem Picknick am Fluss. *Bootsverleih: Anlegestellen an der Magdalen Bridge, am Pub Rat & Parrot, Jesus Green sowie für die Fahrt nach Grantchester an der Silver Street Bridge | £ 16/45 Min., £ 28 nach Grantchester Village und zurück | www.punting-in-cambridge.co.uk*

Punting auf dem Fluss Cam ist (nicht nur) bei Studenten äußerst beliebt

AM ABEND

CORN EXCHANGE

Das viktorianische Theater ist das wichtigste Kulturzentrum der Stadt. Theater- und Ballettaufführungen, wechselnde Shows. *Wheeler Street | hinter Guildhall | www.cornex.co.uk*

EAGLE

Die Nobelpreisträger Francis H. Crick und James Watson sollen die Hälfte ihrer Zeit im Labor, die andere in diesem Pub aus dem 16. Jh. verbracht haben. Die beiden entdeckten die Struktur der DNA, vielleicht bringt das Suffolk-Bier auch Sie auf kluge Gedanken? *8 Benet Street*

FEZ

Coole Adresse, wo sich die Jungen und Schönen bei Pop, Indie und House treffen. Der Dresscode lautet: smart und hübsch, keine Sportswear! *Di–Do 21–2, Fr–Sa 21–3 Uhr | Eintritt £ 3–6 | 15 Market Passage | www.cambridgefez.com*

ÜBERNACHTEN

THE VARSITY HOTEL & SPA

Stylishes Boutiquehotel in alten Gemäuern direkt am Fluss Cam. Luxuriös, mit tollem Spa – und INSIDER TIPP Dachbar mit gigantischem Ausblick. *48 Zi. | Thompson's Lane | Tel. 01223 30 60 30 | www.thevarsityhotel.co.uk* | €€€

WARKWORTH HOUSE

B & B in einem viktorianischen Haus. Das Frühstück ist großartig, die Besitzer sehr freundlich. *13 Zi. | Warkworth Terrace | Tel. 01223 36 36 82 | www.warkworthhouse.com* | €€

AUSKUNFT

TOURIST INFORMATION CENTRE (TIC)

Das Büro bietet interessante Stadtspaziergänge *(tgl. 11 und 13 Uhr | £ 15)* an. *Peas Hill | Tel. 0871 2 26 80 06 | www.visitcambridge.org*

ZIELE IN DER UMGEBUNG

ELY (141 D4) (*🕮 O13*)

Einst hieß die Stadt auf dem Hügel, umgeben von Sumpf, Isle of Eel – Insel der Aale. Die Normannen erbauten 1083 die Kirche von Ely (10 000 Ew., 25 km) als Bischofssitz. Aufgrund des großen Pilgerstroms musste sie 1253 vergrößert werden. Die Geschichte der Kathedrale ist voller Unfälle. Bei Bauarbeiten an der Lady Chapel stürzte 1322 der Zentralturm ein. Später wurde ein 20 m hoher Glockenturm errichtet, der wahrscheinlich der Auslöser für den Zusammensturz des westlichen Querhauses im Jahr 1701 war. Das *Museum für Buntglasfenster (Mo–Sa 10.30–17, So 12–16.30 Uhr | Eintritt £ 4,50)* und das *Haus von Oliver Cromwell (April–Okt. tgl. 10–17, Nov.–März tgl. 11–16 Uhr | Eintritt £ 4,90 | 29 St. Mary Street)* sind die Hauptsehenswürdigkeiten der Stadt. Wunderbar entspannen können Sie nach deren Besichtigung im liebevoll gestalteten Hafenviertel am Fluss Great Ouse. *www.visitely.org.uk*

NEWMARKET ★ (141 E5) (*🕮 O13*)

Newmarket (16 000 Ew., 20 km) ist seit dem 17. Jh. das Zentrum des königlichen Rennsports. Einen Eindruck der royalen Vergangenheit bekommen Sie im Touristenzentrum, das sich stilecht im *Palace House Mansion* befindet. Im Angebot ist eine Minibustour zu den Übungsplätzen und durch das *Nationalgestüt (März–Sept. und an Renntagen im Okt. tgl. 11.15 Uhr | Eintritt £ 11 | www.nationalstud.co.uk, www.newmarketracecourses.co.uk)*. Das *Nationale Pferdesportmuseum (Mo–Sa 10–17, So 10–16 Uhr | Eintritt £ 12)* vermittelt einen guten Einblick in den Pferderennsport und die Aufzucht der kostbaren Vollblüter. *www.nhrm.co.uk*

COLCHESTER

(142 A6) (*🕮 P14*) **Colchester am Fluss Colne (150 000 Ew.) gilt als älteste Stadt Englands. Die Römer gründeten hier um 43 n. Chr. Camulodunum, den ersten Verwaltungssitz in Britannien.**

Heute locken Tudorhäuser, eine Burg, die Universität von Essex und die Nähe zu London jährlich mehr als vier Mio. Besucher hierher. Auch für Fährreisende, die im nahen Harwich ankommen, ist die Stadt erster Anlaufpunkt auf der Insel.

SEHENSWERTES

BURG

Die Burg wurde um 1076 auf den Überresten eines römischen Claudius-Tempels erbaut und diente mehrere Jahrhunderte als Gefängnis, bevor sie Ende des 17. Jhs. von einem Privatmann erworben wurde. Heute sind hier historische Funde sowie wechselnde Ausstellungen zu sehen. *Mo–Sa 10–17, So 11–15 Uhr | Eintritt £ 7,75 | Castle Park | www.cimuseums.org.uk*

FIRSTSITE

Dass dieser halbrunde, futuristische Bau bei seiner Eröffnung viel Kritik erntete, wundert kaum: Wie ein Raumschiff steht er im historischen Colchester und bietet innen (noch) nichts als moderne Kunst. Doch inzwischen hat sich Firstsite

An pastellfarbenen Fachwerkhäusern bummeln Sie in Lavenham vorbei

etabliert, die Wechselausstellungen und Kurse kommen an. *Di–So 10–17 Uhr | Eintritt frei | Lewis Gardens | High Street | www.firstsite.uk.net*

RÖMISCHE STADTMAUER

Viel ist aus der Zeit der römischen Herrschaft in Colchester nicht geblieben. Doch immerhin sind noch Teile der alten Stadtmauer erhalten, die die Siedlung vor knapp 2000 Jahren umgab. Zu sehen am besten im Schlosspark und am Balkerne-Tor. In unregelmäßigen Abständen gibt es auch Führungen zum Thema (Infos im Information Centre). *Eintritt frei | www.romanwall.org*

TOWN HALL

Das im Barockstil gehaltene Rathaus ist nicht nur von außen wegen seines Turms sehenswert. Erbaut zwischen 1898 und 1902 beinhaltet es im Inneren die *Moot Hall* mit einer alten Pfeifenorgel. *Mo–Fr 8–17 Uhr | Eintritt frei | High Street | www.colchester.gov.uk*

ESSEN & TRINKEN

THE OLD SIEGE HOUSE

In diesem alten Fachwerkhaus erleben Sie deftige britische Küche, aber exzellent zubereitet. Fisch, Lamm, Vegetarisches und am Wochenende echter *afternoon tea* mit einem Glas Champagner. *75 East Street | Tel. 01206 97 33 71 | www.theoldsiegehousebarandbrasserie.co.uk | €€*

THAI 1

Ein sehr modernes, wenig verkitschtes Thairestaurant im Zentrum, auf dessen Karte sehr viele Meeresfrüchtegerichte stehen. *82A East Street | Tel. 01206 87 07 70 | www.thai-1.co.uk | €*

ÜBERNACHTEN

ROSE & CROWN

Das Hotel mit Restaurant *(€€)* und Bar in einem Fachwerkhaus aus dem 14. Jh. gilt als das älteste Gasthaus in Colchester. Außen von schiefen Balken geprägt, sind die meisten Zimmer inzwischen sehr modern. *39 Zi. | East Street | Tel. 01206 86 66 77 | www.roseandcrowncolchester.co.uk | €€*

AUSKUNFT

VISIT COLCHESTER INFORMATION CENTRE

Hollytrees Museum | Castle Park | Tel. 01206 28 29 20 | www.visitcolchester.com

ZIELE IN DER UMGEBUNG

DEDHAM (142 A6) (*P14*)

Nicht nur die hübschen Fachwerkhäuser und Teestuben locken Besucher nach Dedham (2100 Ew., 13 km). Die Gegend ist auch eine Pilgerstätte für Kunstfans, denn einer der beliebtesten Maler Englands, John Constable, wurde 1776 im Nachbarort *East Bergholt* geboren. Am Fluss Stour entlang führt ein INSIDER TIPP Wanderweg (ca. 30 Min.) nach *Flatford Mill*. Die Mühle gehörte Constables Vater.

IPSWICH (142 B6) (*Q14*)

Schon wieder ein Rekord: Ipswich (130 000 Ew., 30 km nordöstl.) ist Englands älteste, nachweislich dauerhaft bewohnte Stadt – was bei Colchester nicht gesichert ist. Die Innenstadt mit ihren vielen alten Gebäuden ist vor allem wegen der zahlreichen kleinen, unabhängigen Geschäfte für Shoppingtouren beliebt. Der kleine Hafen am Orwell-Fluss mausert sich seit einigen Jahren zum Ausgehviertel. Hier finden Sie auch das angesagte *Salthouse Harbour Hotel (70 Zi. | Neptune Quay | Tel. 01473 22 67 89 | www.salthouseharbour.co.uk | €€€)* mit tollem Blick auf das Hafenbecken. Im modernen Restaurant serviert man Ihnen nachmittags einen exzellenten *cream tea. Christchurch Mansion (Feb.–Nov. Di–So 10–16, März–Okt. bis 17 Uhr | Eintritt frei | Soane Street | short.travel/eng19)* ist ein beeindruckendes Tudoranwesen, das mit Möbeln und Bildern sehr anschaulich vom Leben vergangener Tage zeugt.

LAVENHAM (142 A5) (*P13*)

Unter den zahlreichen Bilderbuchdörfern im Süden der Grafschaft Suffolk sticht Lavenham (1700 Ew., 30 km nördl.) besonders hervor. Mit seinen Reetdächern und blumengeschmückten Fachwerkhäusern ist es eines der beliebtesten Fotomotive. Der Ort erlebte seine Blütezeit im späten Mittelalter dank der Tuchindustrie. Viel über diese Zeit erfahren Sie im schmucken Tudorgebäude der *Guildhall (März–Okt. tgl. 11–17, Nov/Dez. Do–So 11–16, Jan/Feb. Fr–So 11–16 Uhr | Eintritt £ 6,80)*. Der *Farmers Market (4. So im Monat*

LOW BUDG€T

Kostenloser Konzertgenuss: Der *Chor des King's College Cambridge,* der vielleicht beste Englands, singt im Gottesdienst während des Semesters *(Di–Sa 17.30, So 10.30, 15.30 Uhr)*. Wer ihn besucht, zahlt keinen Eintritt für die Kapelle und erlebt sie von ihrer bewegendsten Seite.

Picknick an der Küste: Reiche Londoner lieben die Norfolkküste, entsprechend teuer sind die Restaurants. Kaufen Sie stattdessen ein Gourmetpicknick am Marktplatz von Burnham Thorpe, z. B. beim Bäcker *Grooms,* im Fischgeschäft *Gurney* oder bei Metzger *Arthur Howell,* und speisen Sie am Holkham Beach, dem Lieblingsstrand der Queen.

10–13.30 Uhr | Church Street) an der Lavenham Village Hall gilt als schönster der ganzen Grafschaft. *The Great House (Market Place | Tel. 01787 24 74 31 | www.greathouse.co.uk | €€–€€€)* ist ein tolles, französisch angehauchtes Restaurant in einem wunderschönen alten Gebäude und vermietet auch einige Zimmer *(€€€)*. Edel übernachten Sie unter Fachwerkbalken im *Swan Hotel & Spa (45 Zi. | High Street | Tel. 01787 247477 | €€)*. *Auskunft: TIC | Lady Street | Tel. 01787 24 82 07 | www.discoverlavenham.co.uk*

LONG MELFORD (142 A6) *(🕮 P14)*
Die Geschäfte an der Hauptstraße machen Long Melford (3500 Ew., 28 km) zu INSIDER TIPP einem Paradies für Antiquitätensammler. Bekannt ist die *Holy Trinity Church,* eine Pfarrkirche mit den Ausmaßen einer großen Kathedrale. *Melford Hall (April–Okt. Mi–So 12–17 Uhr | Eintritt £ 8,20 | short.travel/eng23)* ist ein stattliches Anwesen mit großem Park, das Sie besichtigen können. Die A 1092 führt zu den schönen Dörfern *Cavendish* und *Clare*.

NORWICH

(142 B3) *(🕮 Q12)* **Im Mittelalter war die ★ Domstadt nach London die zweitgrößte Stadt Englands.**

Heute bietet Norwich mit 140 000 Ew., 52 erhaltenen Kirchen aus dem Mittelalter, dem ältesten und größten Straßenmarkt Englands, mittelalterlichen Gassen und Häusern sowie der modernen Universität einen bunten Mix aus Geschichte, Kultur, Unterhaltung und Kommerz. Um den Marktplatz haben sich etliche Pubs angesiedelt. Es heißt, Norwich habe für jeden Tag des Jahres einen Pub aufzuweisen und für jeden Sonntag eine Kirche.

SEHENSWERTES

BURG

Die massive Anlage (1160) thront über der Stadt und ist eines der am besten erhaltenen Beispiele normannischer Militärarchitektur. 700 Jahre diente sie als Gefängnis, heute beherbergt die Burg ein *Archäologisches Museum* und eine *Gemäldegalerie* (englische und niederländische Meister des 17./18. Jh.). Außerdem ist man stolz, die größte Teekannensammlung der Welt zu besitzen. *Mo–Sa 10–16.30, So 13–16.30 Uhr | Eintritt £ 9,15*

ELM HILL

Der mittelalterliche Straßenzug war Wohnsitz aller Bürgermeister Norwichs und ist heute Zentrum des Antiquitätenhandels. Hier befindet sich das Gasthaus *Briton Arms,* in dem ursprünglich Nonnen wohnten. Beachtenswert ist auch das Gebäude der Kunstschule, eines der

wenigen Klöster, das nicht von König Heinrich VIII. zerstört worden ist. Die Stadt hatte es ihm für £ 80 abgekauft.

KATHEDRALE

Die prächtige normannische Kathedrale wurde 1096 begonnen und in nur 50 Jahren errichtet. Durch die vergleichsweise kurze Bauzeit zeigt sich das Gebäude in einheitlichem Stil. Langhaus und Chor erhielten im 15. Jh. reiche spätgotische Fächergewölbe. Zum Morgen- und Abendgebet singt der Kathedralchor. Besichtigen Sie auch den Kreuzgang, den größten Englands, und den weiträumigen Kathedralbereich mit gut erhaltenen mittelalterlichen Häusern. *Kathedrale tgl. 7.30–18 Uhr | Eintritt frei | www.cathedral.org.uk*

SAINSBURY CENTRE

Sir Norman Foster, Architekt der Reichstagskuppel in Berlin, entwarf auch das Gebäude auf dem Campus der 1961 gegründeten University of East Anglia. Es beherbergt eine bemerkenswerte Sammlung von über 1200 Einzelstücken der Supermarktmillionäre Lord und Lady Sainsbury: Das Ehepaar trug im Lauf der Jahre Werke von Pablo Picasso, Edgar Degas, Alberto Giacometti und Henry Moore sowie Kunstwerke verschiedener Kulturen aus über 1000 Jahren zusammen. *Di–Do 10–18, Fr 10–21, Sa/So 10–17 Uhr | Eintritt frei | University of East Anglia | Earlham Road | www.scva.org.uk*

ESSEN & TRINKEN

ADAM AND EVE

Gutes Bier und eine vorzügliche Pubküche erwarten Sie in der ältesten Kneipe der Stadt. Das Haus aus dem 13. Jh. ist gemütlich eingerichtet und familienfreundlich. *17 Bishopsgate | Tel. 01603 66 74 23* | €

Auf dem Markt in Norwich gibt's alles, was man so braucht – inklusive Pläuschchen

INSIDER TIPP **GROSVENOR FISH BAR**
Das beste Fish-&-Chips-Restaurant der Stadt, in dem man sich auch auf das Belegen von Sandwiches und das Rollen von Wraps versteht. *28 Lower Goat Lane | Tel. 01603 62 58 55 |* €

EINKAUFEN

Norwich gehört zu den nettesten Shoppingstädten Englands. Individuelle Modegeschäfte sind z. B. in den *Norwich Lanes (abseits der Straße Pottergate)* und am *Timberhill* zu finden. Die ehemalige Postkutschenstation ist heute die elegante Einkaufspassage *Royal Arcade* mit vielen kleinen Geschäften.

AM ABEND

GEISTERFÜHRUNGEN

Die Briten lieben Geistergeschichten, daher startet jeden Mo, Di, Do um 19.30 Uhr am Pub Adam and Eve am Bishopsgate eine Führung in die Gruselgeschichte von Norwich. *£ 7 | www.ghostwalksnorwich.co.uk*

THE WATERFRONT

Großer Club auf zwei Etagen mit einer Cafébar, Betreiber ist der Studentenverein. *Clubabende Fr/Sa, Livemusik an anderen Tagen | King Street | waterfrontnorwich.webflow.io*

ÜBERNACHTEN

THE OLD RECTORY

Das Pfarrhaus aus dem 19. Jh. hat sich in ein romantisches Hotel verwandelt mit gemütlichen Zimmern im Landhausstil, tollem Frühstück und sogar einem kleinen Außenpool. *16 Zi. | 7 km nördl. der Stadt an der B 1150 | North Walsham Road | Tel. 01603 73 85 13 | www.oldrectorycrostwick.com |* €€

SPROWSTON MANOR

Ein Anwesen, in dem Sie sich wie ein Lord oder eine Lady vorkommen: Aus einem historischen Landhaus etwas außerhalb der Stadt wurde ein gemütliches, edles Hotel, das keine Wünsche offenlässt – mit tropischem Pool, Golfplatz und gediegenem Restaurant *(€€). 94 Zi. | Wroxham Road | Sprowston | Tel. 01603 41 08 71 | short.travel/eng20 |* €€

AUSKUNFT

TOURIST INFORMATION CENTRE (TIC)

Ausgangspunkt für geführte Stadttouren (z. B. Sa 14 Uhr). *The Forum | Millennium Plain | Tel. 01603 21 39 99 | www.visitnorwich.co.uk*

ZIELE IN DER UMGEBUNG

BURNHAM THORPE (141 E2) (*🕮 P11*)

Für Liebhaber der Seefahrt und Bewunderer des berühmten Admiral Nelson ist dieser Abstecher ein Höhepunkt. Am 29. September 1758 wurde Horatio Nelson in Burnham Thorpe (50 km nordwestl.) geboren. Im Zentrum des idyllischen Dorfs befindet sich der *Lord Nelson Pub*, wo vor der Schlacht von Trafalgar das Abschiedsfest gefeiert wurde. Im Wald liegt die Kirche *All Saints*. Das Schiffskreuz, das während des Zweiten Weltkriegs auf der „Nelson" war, wurde 1955 anlässlich des 150. Jahrestags der Schlacht von Trafalgar der Kirche übergeben. *Houghton Hall (Ostern–Sept. Mi/Do, So 11.30–17, Fr/Sa 12.30–20 Uhr | Eintritt £ 18 | www.houghtonhall.com)* ist ein prächtiger Herrensitz aus dem 18. Jh. (12 km südwestl.).

KING'S LYNN (141 E3) (*🕮 O11*)

King's Lynn (42 000 Ew., 71 km) ist eine historische Hafenstadt mit vielen Sehenswürdigkeiten. Durch den Handel mit den Niederlanden, den deutschen

So schön es auf den Norfolk Broads auch ist – ein Landgang in Horning gehört dazu

Hansestädten und Skandinavien wurden ihre Kaufleute reich. Zeugnisse dieser Blütezeit sind noch zu bewundern, so die Kirche *St. Margaret's*, die beiden Rathäuser *Trinity Guildhall* und *Guildhall of St. George* sowie das elegante *Zollhaus*. Die besten Übernachtungsmöglichkeiten liegen nördlich an der Küste. So bietet z. B. INSIDER TIPP *The Lifeboat Inn (Thornham | Tel. 01485 512236 | www.lifeboatinnthornham.com | €€–€€€)* sehr gute Meeresfrüchte und 13 gemütliche Zimmer mit Hafenblick.

NORFOLK BROADS ★

(142 B–C3) *(Q–R 11–12)*

Die Seenplatte entstand, als sich die riesigen Torfgruben, die im 12. Jh. ausgehoben worden waren, mit Wasser füllten. Der Nationalpark zählt zu den größten Feuchtgebieten Englands und ist ein Paradies für Vogelfreunde. Zentrum der Broads ist das touristische *Wroxham* (12 km). Hier können Sie Boote aller Art mieten und die 180 km Wasserwege und die zwölf großen und 30 kleineren Seen *(broads)* durchschippern. In einem solarbetriebenen Boot werden Sie auf umweltfreundliche Weise *(Juni–Sept. tgl. | Tel. 01603 756094)* rund um den *Hoveton Great Broad,* einen der größten Seen der Gegend, geschippert. In den Broads liegen viele schnuckelige Dörfer, *Horning* z. B. mit Fischgrätenfachwerkhäusern, dem *Teahouse* und dem *New Inn,* dem ältesten Pub der Gegend. *www.broads-authority.gov.uk*

SANDRINGHAM HOUSE

(141 E2) *(P11)*

Königin Victoria kaufte 1862 das Anwesen (55 km nordwestl.) und den Garten mit seltenen Bäumen für ihren Sohn, den späteren König Edward VII. Noch heute feiern die Royals hier Weihnachten. In der übrigen Zeit dürfen Touristen sich an Sandringham erfreuen. *April–Okt. (Änderungen möglich, wenn die Queen anwesend ist) tgl. 11–17 Uhr | Eintritt £ 16,50 | www.sandringhamestate.co.uk*

DER SÜDEN

Abgelegene Buchten mit feinem Sandstrand, ein 1000 km langer Wanderpfad entlang der Küste, Fischerdörfer wie vor hundert Jahren und endlos anmutende, grasgrüne, menschenleere Weiten. Im Süden erwarten Sie englische Landschaften, wie Sie sie sonst nur aus Filmen kennen.

Das Klima im südlichen England, vor allem in Cornwall und Devon, ist selbst im Winter sehr mild. Eine perfekte Voraussetzung für die englische Gartenleidenschaft, die hier vor mehr als hundert Jahren ihren Anfang nahm. Damals brachten die Viktorianer Pflanzen aus China und Japan mit, um eine kornische Riviera zu schaffen. Mit den Gärten konkurrieren bemerkenswerte Städte wie das elegante Bath und der historische Wallfahrtsort Canterbury, moderne Seebäder wie Brighton und Bournemouth sowie die alte, sich selbst stark verjüngende Hafenstadt Bristol. Mehr Infos finden Sie in den MARCO POLO Bänden „Südengland" und „Cornwall/Devon".

BATH

(134 C3) *(🕮 J16)* **Wenn Sie durch das Avon-Tal nach ★ Bath (86 000 Ew.) fahren, begeben Sie sich in eine andere Zeit. Ein Gesamtkunstwerk aus georgianischen Sandsteingebäuden erwartet Sie, im 18. Jh. am Reißbrett als Kurort von Grund auf neu gestaltet.**

Heute ist das Weltkulturerbe tagsüber fast immer hoffnungslos überfüllt – wer

 Bild: Stonehenge

Beeindruckende Kulturzeugnisse, saubere Sandstrände und lange Partynächte zwischen Dover und Land's End

Bath richtig erleben will, bleibt auch am Abend, wenn sich in den Pubs und Restaurants die Einheimischen treffen. Die Geschichte der Stadt reicht zurück bis in die Römerzeit. Die Besatzer ließen es sich hier gut gehen und bauten luxuriöse Bäder und einen Tempel.

SEHENSWERTES

BATH ABBEY

Ein bisschen zugebaut, aber eines der Highlights der Stadt: Die im 16. Jh. wieder aufgebaute Abteikirche hat die Form eines Kreuzes. Vor allem das Fächergewölbe im Inneren ist spektakulär, außerdem die mächtigen Buntglasfenster. Vom Turm haben Sie einen guten Ausblick. *Mo 9.30–17.30, Di–Fr 9–17.30, Sa 9–18, So 13–14.30 und 16.30–17.30 Uhr | Eintritt frei, Spende von £ 4 erbeten | www.bathabbey.org*

ROMAN BATHS MUSEUM

Die überbaute römische Bäderanlage ist das beste Beispiel für die römische

Per Doppeldeckerbus lässt sich die Cheddar Gorge bequem entdecken

Vergangenheit Englands: Bei einem Rundgang schreiten Sie hinab zum großen Thermalbecken, blicken hinein in die einzelnen Räume, in denen die Römer zwischen dem 1. und 4. Jh. „wellnessten", und fühlen sich am Beckenrand mit Blick auf die Statuen römischer Helden fast ein wenig wie in Italien. Die heute unterirdische Anlage wurde Ende des 19. Jhs. eher zufällig bei Bauarbeiten entdeckt – die ganze Stadt war im Lauf der Jahrhunderte mehrfach überbaut worden und liegt heute um mehrere Meter höher. *Tgl. 9–17, Juli–Aug. bis 21 Uhr | Eintritt £ 15,50 | neben der Abbey | www.romanbaths.co.uk*

ESSEN & TRINKEN

THE PUMP ROOM

Zeitreise: Trinken Sie in herrlich altbackenem Ambiente Tee, lauschen Sie der Pianomusik und nippen Sie am Quellwasser, das aus dem Brunnen plätschert: Es verspricht ein langes Leben, ist aber dank seines hohen Eisenanteils gewöhnungsbedürftig. *Abbey Courtyard | Tel. 01225 44 44 77* | €€

FREIZEIT & SPORT

THERMAE BATH SPA

Das Beste an diesem modernen Thermalbad ist der Blick vom Open-Air-Rooftop-Pool auf die Abbey und die römischen Bäder. Entspannter kann es bei den Römern auch nicht zugegangen sein. *Bäder tgl. 9–21, Besucherzentrum Mo–Sa 10–17.30, So 11–16 Uhr | Eintritt £ 36, am Wochenende £ 40 | Hot Bath Street | www.thermaebathspa.com*

ÜBERNACHTEN

DUKES

Hier fühlen Sie sich wie zu Hause: gemütliche Zimmer in einem typisch georgianischen Wohnhaus. *17 Zi. | Great Pulteney Street | Tel. 01225 78 79 60 | www.dukesbath.co.uk* | €€

AUSKUNFT

TOURIST INFORMATION CENTRE (TIC)

2 Terrace Walk | Tel. 01225 61 44 20 | www.visitbath.co.uk

ZIELE IN DER UMGEBUNG

BRISTOL (134 C2) (*J16*)

Die größte Stadt (400 000 Ew., 25 km) im Südwesten hat sich neu erfunden: Aus dem vermoderten Hafen ist ein lebendiges ● Party- und Kulturviertel geworden, Zehntausende Studenten sorgen für ein buntes Nachtleben. Bemerkenswert ist die *Clifton Suspension Bridge* des Ingenieurs Isambard Kingdom Brunel, der auch den ersten Transatlantikdampfer der Welt konstruierte: die *SS Great Britain (tgl. 10–17.30, Nov.–März bis 16.30 Uhr | Gas Ferry Road | Eintritt £ 14 | www.ssgreatbritain.org)*. Einen guten Überblick über die Entwicklung der Stadt gibt das *Museum M Shed (Di–So 10–17 Uhr | Wapping Road | Eintritt frei | www.mshed.org)*, die Sie bei INSIDER TIPP Rundfahrten mit den *Hafenlinienbooten (tgl. 10.30–18 Uhr | ab Millennium Square | ab £ 1,70 | www.bristolferry.com)* auch vom Wasser aus entdecken können. Und warum nicht im noblen *Harbour Hotel (42 Zi. | 55 Corn Street | Tel. 0117 2 03 44 45 | www.bristol-harbour-hotel.co.uk | €€)* absteigen, das sich in einem früheren Bankgebäude in der Innenstadt eingerichtet hat? *Auskunft: TIC | E Shed | Tel. 0333 3 21 01 01 | www.visitbristol.co.uk*

CHEDDAR GORGE (134 B3) *(H16)*
Die Heimat des gleichnamigen Käses (der inzwischen in ganz England hergestellt wird) ist eine beeindruckende Schlucht (37 km) mit zwei großen *Höhlen (tgl. 10.30–17 Uhr | Eintritt £ 19,95 | www.cheddargorge.co.uk)* und vielen kleinen Geschäften. Die Landschaft ist selbst für England spaktakulär!

STONEHENGE ★ (135 D4) *(K16)*
Am besten machen Sie sich früh auf den Weg: Der prähistorische Steinkreis (55 km) ist wohl die beliebteste Sehenswürdigkeit der ganzen Insel. Reisebusse voller Menschen kommen den ganzen Tag über. Inzwischen werden sie in einem großen, modernen Besucherzentrum weit vorher abgefangen und mit Pendelfahrzeugen weiter transportiert. Über die Bedeutung der Steine wird bis heute gerätselt: Dienten sie als Observatorium oder Opferstätte? Fakt ist: Immer zur Mittsommernacht strahlt die Anlage auf manche Menschen eine ganz besondere Faszination aus. Das Material des in-

MARCO POLO HIGHLIGHTS

★ Bath
Das Kurbad mit seinen Thermalquellen, in denen schon die Römer Heilung suchten, ist die einzige Stadt des Lands, die als Ganzes zum Weltkulturerbe zählt → S. 78

★ Stonehenge
Die 4000 Jahre alten Steinkreise geben nach wie vor Rätsel auf → S. 81

★ Kathedrale von Canterbury
Canterburys Kathedrale ist historischer Wallfahrtsort und Sitz des Oberhaupts der anglikanischen Kirche → S. 83

★ British Museum
Die altehrwürdige Museumsinstitution in London zeigt Schätze aus vielen Kulturen, darunter auch den Stein von Rosetta → S. 85

★ Tate Modern
London besitzt mit der Tate eine der weltbesten Sammlungen moderner Kunst → S. 86

★ St. Ives
Das ehemalige Fischerdorf im äußersten Westen Cornwalls kann mit den schönsten Stränden Englands und einer hohen Künstlerdichte aufwarten → S. 90

neren Kreises wurde zwischen 2500 und 1600 v. Chr. aus dem 385 km entfernten Wales herangeschafft. Wie? Das ist bis heute die große Frage. Eine Ausstellung im Besucherzentrum versucht, Antworten zu finden. *Tgl. 9.30–19, Okt.–März bis 17 Uhr | Eintritt £ 16,50 | short.travel/eng21*

BRIGHTON

(136 C5) (*🕮 N17*) **Früher war es Lieblingsort des Adels, heute ist das alte Seebad (188 000 Ew.) beliebtes Ausflugsziel der Londoner (50 Min. Fahrt) und am Wochenende Szenetreff für partyhungrige Youngsters.**

SEHENSWERTES

BRIGHTON PIER

Die berühmte Seebrücke (1899, früher *Palace Pier*) mit Karussells und Spielautomaten wirkt heute so mondän wie vor 100 Jahren. Sie ist so etwas wie der Mittelpunkt der 8 km langen Strandpromenade, die ansonsten von Hotels und Fish-&-Chip-Shops geprägt ist.

I360

Wolkenkratzer hat Brighton nicht zu bieten, aber eine originelle Aussichtsgelegenheit: Die an einem Turm befestigte Gondel hebt Fahrgäste 170 m nach oben. Von hier haben Sie Brighton, die Küste und das Meer bestens im Blick. *Mo–Do 11–17.30, Fr/Sa 10–19, So 10–17.30 Uhr | Eintritt £ 16 | Lower Kings Road | www.britishairwaysi360.com*

ROYAL PAVILION

Der verspielte Prunkbau (1815–1822) scheint direkt aus Indien mit einem Abstecher über China eingeflogen worden zu sein. Üppige Holzschnitzereien, Porzellan und indisch anmutende Türmchen machen den Pavillon zu einem der ungewöhnlichsten Bauten ganz Englands. *Tgl. 9.30–17.45, Okt.–März 10–17.15 Uhr | Eintritt £ 13*

Sonnenbaden am Brighton Beach mit Blick auf das Wahrzeichen des Badeorts, die Seebrücke

ESSEN & TRINKEN

INSIDERTIPP THE REAL EATING COMPANY

Mit leckeren Gerichten, die mit Bioerzeugnissen von örtlichen Bauernhöfen zubereitet werden, macht das Restaurant (plus Feinkostgeschäft) von sich reden. Die beste Adresse in der Region zum Frühstücken oder um sich für ein Strandpicknick einzudecken. Auch Abendessen. *Mo–Sa 8.30–18, So 9.30–18 Uhr | 18 Cliffe Street | Lewes | Tel. 01273 40 26 50 | www.real-eating.co.uk* | €€

AM ABEND

Die Szene in Brighton ist schnelllebig. Aktuelle Informationen auf *whatson.brighton.co.uk* sowie im Stadtmagazin „The Source" *(www.brightonsource.co.uk)*. Wie überall in England beginnt der Abend in einem gut besuchten Pub.

COALITION

Hier machen Sie die Nacht zum Tag. Der große Club am Wasser ist bekannt für Livemusik, namhafte DJs und Party, Party, Party. *Tgl. 12–5, Sa bis 7 Uhr | 171–181 Kings Road Arches*

ÜBERNACHTEN

GRAND BRIGHTON HOTEL

Das altehrwürdige Hotel direkt am Wasser präsentiert sich nach einer aufwendigen Sanierung luxuriös wie an seinem Eröffnungstag im Jahr 1864. *201 Zi. | 97–99 King's Road | Tel. 01273 22 43 00 | www.grandbrighton.co.uk* | €€€

INSIDERTIPP TILTON HOUSE

Hier ist die Ruhe zu Hause. In dem idyllischen B&B, 20 Autominuten von Brighton entfernt, geht's relaxt zu. Zudem finden regelmäßig Yoga-Classes statt. *7 Zi. | Firle | Tel. 01323 81 15 70 | www.tiltonhouse.co.uk* | €€

AUSKUNFT

TOURIST INFORMATION POINT

64 King's Road | Tel. 01273 29 03 37 | www.visitbrighton.com

CANTERBURY

(137 E3) *(Q16)* **Hier blieb die Kirche im Dorf bzw. in der Stadt: Canterbury Cathedral ist Sitz der anglikanischen Kirche, entsprechend opulent bildet der Bau das Herz der mittelalterlichen Stadt (55 000 Ew.).**

Er hat für die anglikanische Kirche eine ähnlich hohe Bedeutung wie der römische Petersdom für die katholische. Um die Kathedrale herum stoßen Sie auf kleine Gassen, alte Fachwerkhäuser und unzählige Geschäfte, die Canterbury zu einem exzellenten Shoppingziel machen.

SEHENSWERTES

KATHEDRALE ★

Die Macht der Kirche wird nirgends deutlicher als in diesem gotischen Prachtbau: 160 m lang ist die Kathedrale von Canterbury, ihr Turm 72 m hoch. Beim Betreten kommt sich jeder unendlich klein vor. Die Gewölbedecke ist eine der aufwendigsten ihrer Art, die mittelalterlichen Fenster zählen zu den größten Schätzen europäischer Glasmalerei. In dem monumentalen Bau sind fast täglich Chöre zu hören. Der Erzbischof von Canterbury ist das geistliche Oberhaupt der anglikanischen Kirche. Nur er darf die englischen Monarchen krönen. Der heutige Bau ersetzte im 11. Jh. eine Vorgängerkathedrale. Fast 400 Jahre wurde er immer wieder verändert und erweitert und zählt heute mit der Ruine der Abtei St. Augustinus und der St. Martin's Church zum Unesco-Weltkulturerbe. *Mo–Sa 9–17, So 12.30–14.30 Uhr | Eintritt £ 12,50*

ESSEN & TRINKEN

INSIDERTIPP THE GOODS SHED
Originelles Restaurant in einem alten Lokschuppen neben dem Markt und beliebt wegen seiner modernen britischen Küche mit Zutaten, die direkt vom Erzeuger stammen. *Station Road West | Tel. 01227 45 91 53 | €–€€*

ÜBERNACHTEN

HARRIET HOUSE
Komfortables B & B, das auch für Vegetarier und Veganer das passende Frühstück bereithält. Ein kurzer Spaziergang am Fluss Stour führt in die Stadtmitte. *5 Zi. | 3 Broad Oak Road | Tel. 01227 45 73 63 | www.harriethouse.co.uk | €*

AUSKUNFT

TOURIST INFORMATION CENTRE (TIC)
18 High Street | Tel. 01227 86 21 62 | www.canterbury.co.uk

ZIELE IN DER UMGEBUNG

DOVER CASTLE (137 F4) *(Q16)*
Die Festungsanlage von Dover thront auf den berühmten Kreidefelsen scheinbar unerreichbar über der Stadt. Von hier haben Sie einen großartigen Blick über den Ärmelkanal. Unterhalb der Burg ist ein weit verzweigtes, in die weithin leuchtenden weißen Klippen gegrabenes Labyrinth zu besichtigen, das noch im Zweiten Weltkrieg benutzt wurde. *Tgl. 10–18, Nov.–März Sa/So 10–16 Uhr | Eintritt £ 19,40 inkl. Führung | short.travel/eng22*

Wandern Sie entlang der Küste vom White-Cliffs-Besucherzentrum bis zum *South Foreland Lighthouse (April–Anf. Sept. tgl. 11–17.30 Uhr, sonst eingeschränkt | Eintritt £ 6).* Die Aussicht ist sensationell, im Leuchtturm bekommen Sie exzellenten *cream tea.*

LEEDS CASTLE (137 E3) *(P16)*
Märchenhaftes Schloss (40 km südwestl.), das auf zwei Inseln inmitten eines Sees liegt. König Heinrich VIII. ließ die Festung aus dem 9. Jh. zu einem Palast umbauen. Der Irrgarten im Park ist einer der aufwendigsten seiner Art; im Sommer gibt es vor dem Schloss Festivals. *Tgl. 10–18, Okt.–März bis 17 Uhr | Eintritt £ 24,90 | www.leeds-castle.com*

RYE (137 E5) *(P17)*
Mit seinen blumengeschmückten Häusern im Tudorstil gehört Rye (5400 Ew., 45 km südwestl.), das im Sommer etwas überlaufen ist, zu den hübschesten Städtchen Englands. Wunderbar flanieren können Sie in der Market Street, Watchbell Street und Mermaid Street. Schauen Sie danach im *Mermaid Inn (Mermaid Street)* vorbei, einem einstigen Schmugglertreff mit hauseigenem Geist.

LONDON

KARTE IM HINTEREN UMSCHLAG
(136 B–C 2–3) *(N–O 15–16)* **London ist eine Stadt, die nie ganz zu ergründen ist. Nicht nur weil sie so groß ist und eigentlich aus vielen kleinen Stadtteilen besteht, die unabhängig voneinander existieren.**

Sondern auch weil die Acht-Millionen-Metropole sich ständig wandelt. Berühmte Designer kommen aus der Stadt an der Themse, in London entsteht immer wieder Popmusik von Weltrang, und auch zum Clubbing ist die Stadt wunderbar. Die vielfältigen Einflüsse aus aller Herren Länder lassen London zum Erlebnis werden. Setzen Sie sich in einen der roten Doppeldeckerbusse – nach oben natürlich –, und lassen Sie sich durch die City fahren. Mehr Infos finden Sie im MARCO POLO Band „London".

SEHENSWERTES

BRITISH MUSEUM ★ ● (U C2) (*🕮 c2*)

Das riesige Museum besitzt Objekte von Weltruhm wie die Elgin Marbles, die den Parthenon in Athen schmückten, und den Stein von Rosetta, der die Entzifferung der Hieroglyphen ermöglichte. Für eine Pause empfiehlt sich das Dachrestaurant im Great Court über dem berühmten Lesesaal, in dem schon Karl Marx studierte. *Sa–Do 10–17.30, Fr bis 20.30 Uhr | Eintritt frei | Great Russell Street | www.thebritishmuseum.ac.uk*

CITY WOHIN ZUERST?

Tauchen Sie ein in das lebendige Westend rund um **Piccadilly Circus, Oxford Street** und **Regent Street (U A–B 2–3) (*🕮 a–b 2–3*)**, dem Mekka für Einkaufshungrige, das mit der U-Bahn (Oxford Circus oder Piccadily Circus) schnell zu erreichen ist. Auf das Auto sollten Sie allein wegen der wochentags fälligen Innenstadtmaut verzichten.

SHAKESPEARE'S GLOBE THEATRE AND EXHIBITION (U E3) (*🕮 e3*)

In einer Ausstellung und bei Führungen werden der Nachbau von Shakespeares Open-Air-Theater (1599) und seine Theaterstücke erklärt. *Tgl. 9–17 Uhr | Eintritt £ 15 | New Globe Walk Bankside | Kartenreservierung für Aufführungen Tel. 020 74 01 99 19 | www.shakespearesglobe.com*

Ein guter Grund, um per Fähre anzureisen: der Blick auf die weißen Klippen von Dover

TATE MODERN ★ (U E3) *(📖 e3)*
Die Sammlung internationaler moderner Kunst ab 1900 ist nach dem British Museum die größte Kunstattraktion der Metropole – nicht zuletzt wegen des phantastischen Ausblicks vom Obergeschoss des ehemaligen Kraftwerks und seines Anbaus. *So–Do 10–18, Fr/Sa 10–22 Uhr | Eintritt frei | Bankside Power Station | www.tate.org.uk/modern*
Das INSIDER TIPP *Tate Boat* (£ 8,10) bringt Sie schnell über den Fluss zum *London Eye* und zur *Tate Britain*, der Nationalsammlung britischer Kunst.

WESTMINSTER ABBEY (U C4) *(📖 c4)*
In diesem majestätischen gotischen Bauwerk fanden Krönungszeremonien, Hochzeiten und Beerdigungen vieler britischer Monarchen statt. Sehenswert: die Kapelle Heinrichs VII. *Mo–Fr 9.30–15.30, Mi bis 18, Sa 9.30–15.30 Uhr | Eintritt £ 22 | Broad Sanctuary*

ESSEN & TRINKEN

INSIDER TIPP THE TRAFALGAR HOTEL
(U C3) *(📖 c3)*
Dachgarten mit Ausblick direkt am Trafalgar Square, dem größten öffentlichen Platz Londons mit dem Denkmal Admiral Nelsons. Prosten Sie dem Admiral mit einem Drink zu. *2 Spring Gardens | Tel. 020 78 70 29 00 | www.thetrafalgar.com | €€€*

EINKAUFEN

CONDUIT STREET (U B3) *(📖 b3)*
Die Straße zwischen Regent Street und Bond Street ist die Adresse für jugendliche Designermode. Das in einem Tudor-Gebäude untergebrachte Kaufhaus *Liberty (Regent Street/Great Marlborough Street)* steht seit 1875 für Mode und Wohnungseinrichtung in altenglischem Stil.

JERMYN STREET (U B3) *(📖 b3)*
Wo shoppt eigentlich die Queen? Nach einem Bummel durch die beschauliche Straße wissen Sie Bescheid, denn hier sind zahlreiche Hoflieferanten beheimatet, u. a. das altehrwürdige Käsegeschäft *Paxton & Whitfield (Nr. 93)*.

AM ABEND

Pubs finden Sie buchstäblich überall, nur sehr traditionelle schließen noch um 23 Uhr. Der Pubbesuch ist für Londoner ohnehin nur der Auftakt, anschließend geht's in Clubs wie *Xoyo (32–37 Cowper Street)* oder *Grand (21–25 Saint John's Hill)*, eine viktorianische Konzerthalle.
Die meisten Theater finden Sie im West End angrenzend an den Leicester Square. Dort steht auch das TKTS-Häuschen, in dem Sie günstig INSIDER TIPP Last-Minute-Karten bekommen.

Gehört zu einem Londonbesuch dazu: mindestens einmal den Piccadilly Circus überqueren

ÜBERNACHTEN

GATE HOUSE APARTMENTS
(U F4) *(🕮 f4)*
Vor allem für Familien eine Alternative zum klassischen Hotel: Die modernen Apartments sind in einem alten Industriekomplex nahe der Tower Bridge untergebracht und bieten viel Komfort wie eine voll ausgestattete Küche, Fernsehen und WLAN. *100 Ap. | 37 Tanner Street | Tel. 0203 4 65 91 00 | www.allstay.co.uk/london* | €€–€€€

LANGHAM HOTEL (U A2) *(🕮 a2)*
Eine Legende unter Londons Hotels: Der große Langham-Komplex eröffnete 1865 an der Regent Street. Heute hat es äußerlich seinen traditionellen Charme bewahrt, ist aber innen auf den neusten, weiterhin sehr luxuriösen Stand gebracht worden und auch zum stilvollen ● *afternoon tea* – serviert auf exklusivem Wedgwood-Porzellan – einen Besuch wert. *380 Zi. | 1c Portland Place/Regent Street | london.langhamhotels.co.uk* | €€€

AUSKUNFT

BRITAIN AND LONDON VISITOR CENTRE (U E3) *(🕮 e3)*
St Paul's Churchyard | Tel. 020 73 32 14 56 | www.visitlondon.com

ZIEL IN DER UMGEBUNG

WINDSOR/ETON (136 B2) *(🕮 M15)*
Schloss Windsor (40 km) ist das markanteste Symbol der britischen Monarchie. Durch den Namenswechsel der königlichen Familie 1917 von Sachsen-Coburg-Gotha zu Windsor wurden der Ort (31 000 Ew.) und das Schloss noch populärer. Interessant ist die *St. George's*

Chapel mit den Grabsteinen der letzten zehn Monarchen. Hauptattraktion sind die 16 *State Apartments* (nur in Abwesenheit der Queen zu besichtigen, 17. Jh.) und die *State Gallery* (Gemälde, Möbel, *tgl. 9.45–16, Nov.–Feb. bis 15 Uhr | Eintritt £ 21,20 | www.windsor.gov.uk*).
Am anderen Themse-Ufer liegen der Ort *Eton* und das berühmte *Eton College (www.etoncollege.com)*. 1440 von Heinrich VI. gegründet, um 70 arme Jungen auf Kirchenämter vorzubereiten. Bis heute bekommen 70 Knaben aus dem Volk ein Stipendium, der Rest zahlt. 18 Premierminister sind hier zur Schule gegangen, auch die Prinzen William und Harry.

PORTSMOUTH

(135 F5) (*M18*) **Die alte Hafenstadt (200 000 Ew.) erlebt eine wahre Renaissance, nachdem mehrere Millionen Pfund investiert wurden, um das Hafenviertel Gunwharf Quays komplett zu sanieren.**
Hier gibt es nun Designershops, Restaurants und ein Multiplexkino statt alter Kähne zu sehen. Im Ostteil, in *Southsea* (Badeort mit Kieselstrand), können Sie an der Küste flanieren, die Innenstadt selbst bietet keine großen Highlights.

SEHENSWERTES

HISTORIC DOCKYARD

Hauptsehenswürdigkeit sind die *Mary Rose* und die *H.M.S. Victory* (1765 gebaut), mit der Admiral Nelson 1805 bei Trafalgar siegte. Das berühmte Flaggschiff (60 m lang) ist mit fünf Decks und 104 Kanonen ausgestattet. *Tgl. 10–16.30 Uhr | Eintritt £ 35 | www.historicdockyard.co.uk*

SPINNAKER TOWER

Der 170 m hohe Turm bietet einen weiten Blick auf Hafen und Meer von drei Aussichtsplattformen. Achtung: Glasboden! *Tgl. 10–18 Uhr | Eintritt £ 10,50 | www.spinnakertower.co.uk*

ESSEN & TRINKEN

ABARBISTRO

Gemütliches Restaurant am Hafen mit aufwendigem *pub food* von Burger bis Pie, außerdem viel frischem Fisch. *58 White Hart Road | Tel. 023 92 81 15 85 | www.abarbistro.co.uk* | €€

ÜBERNACHTEN

THE CLARENCE HOTEL

Ein bisschen plüschig, aber urgemütlich: Das älteste Hotel in Southsea wurde aufwendig als Boutiquehotel saniert. Einige Zimmer haben Meerblick. *28 Zi. | 12 South Parade | Tel. 023 92 73 31 92 | www.seacresthotel.co.uk* | €€

AUSKUNFT

TOURIST INFORMATION CENTRE (TIC)

D-Day Museum | Clarence Esplanade | Tel. 02392 82 67 22 | www.visitportsmouth.co.uk

ZIELE IN DER UMGEBUNG

BOURNEMOUTH (135 D6) (*K18*)

Bournemouth (185 000 Ew., 60 km) ist für viele das schönste der britischen Seebäder. Kein Wunder bei 10 km feinem Sandstrand und vielfach ausgezeichneter Wasserqualität. Lange Zeit galt Bournemouth, bekannt für seine Parks, die guten Hotels und Restaurants, das *Pavilion Theatre* und ein eigenes Sinfonieorchester, als der ideale Ort für einen geruhsamen Lebensabend. Mittlerweile macht jedoch die Partyszene sogar Brighton Konkurrenz, sodass Bournemouth Ziel für den einen oder anderen lustigen Abend ist. Dementsprechend groß ist das Wassersportangebot von Surfen und Kitesurfen bis Segeln, Wasser- und Jetski. Am Pier können Sie an einem Drahtseil hängend 25 m über dem Boden bis zum Strand schweben *(£ 20 | www.rockreef.co.uk/pierzip). Auskunft: TIC | Pier Approach | Tel. 01202 45 17 34 | www.bournemouth.co.uk*

Die feinsandigen Strände von Bournemouth eignen sich bestens für Wassersportler aller Art

ISLE OF WIGHT (135 E–F6) *(🕮 L–M18)*

Die Insel (140 000 Ew., 15 km) ist England im Kleinformat, mit charaktervollen Städten und 40 km sauberem Strand. Der einzige Unterschied: Es ist meist etwas wärmer, und das Leben ist noch geruhsamer. Von manchen als Rentnerinsel abgetan, soll die Isle of Wight nun als Paradies der Extremsportler propagiert werden: Paragliding, Mountainbiking und Ribbing. In einem Boot mit mächtigem Außenmotor werden die Gäste dabei über die Wellen gejagt. Auch Wandern ist hier traumhaft, nachahmenswert z. B. der **INSIDER TIPP** Lieblingsspaziergang des Hofdichters Tennyson im 19. Jh., der heute ab dem Parkplatz Freshwater Bay über Tennyson Down zum Felsenvorsprung *The Needles* mit Küstenblick führt. Die meisten Besucher zählt ● *Osborne House (April–Sept. tgl. 10–18, Okt.–März Sa/So 10–16 Uhr | Eintritt £ 16,20)*, einst Sommersitz von Königin Victoria. Das im mediterranen Stil umgebaute Gebäude liegt inmitten eines großen Parks mit dem *Swiss Cottage,* einer Schweizer Berghütte. *Auskunft: TIC | Guildhall | High Street | Newport | Tel. 01983 52 15 55 | www.visitisleofwight.co.uk*

WINCHESTER (135 F4) *(🕮 L17)*

Die Kathedralenstadt (50 000 Ew., 35 km) wirkt mit ihrer fast durchgängig alten Bebauung heute noch wie vor 200 Jahren. Sie war unter den Angelsachsen die Hauptstadt Englands. Hauptsehenswürdigkeit ist die *Kathedrale* (11.–14. Jh.), in der mehrere englische Könige und Jane Austen ihre letzte Ruhestätte haben. In der Great Hall von *Winchester Castle*, der Burg, hängt der *Round Table*, an dem sich die Ritter von König Artus' Tafelrunde der Sage nach versammelt haben. Interessant sind Führungen durch *Winchester College (Mo–Sa 10.15, 11.30, Mo, Mi, Fr/Sa auch 14.15, So auch 14.15 und 15.30 Uhr | Eintritt £ 7)*, die älteste Privatschule des Lands (1382 gegründet). *Auskunft: TIC | Guildhall | Broadway | Tel. 01962 84 05 00 | www.visitwinchester.co.uk*

ST. IVES

(132 A5) *(C19)* **Das hübsche Fischerdorf ★ St. Ives (11 000 Ew.) am westlichsten Zipfel von Cornwall mit seinen Gassen und den kleinen Geschäften ist der Künstlertreff Englands.**

Außerdem hat St. Ives die besten Strände Englands zu bieten, ganze fünf stehen zur Auswahl, zwei sogar mitten im Zentrum. Am besten reisen Sie mit der Bahn von Penzance oder St. Erth an – die Strecke der Scenic Railway gilt als eine der schönsten im Land.

LOW BUDG€T

Selbst fangen: Die Restaurants in Brighton haben Preise wie in London. Eine super Alternative: Angeln Sie selber Makrelen bei einem Bootsausflug ab Brighton Marina (£ 22 inkl. Ausrüstung), kaufen Sie einen billigen Einmalgrill, und essen Sie am Strand. *Tel. 07958 24 64 14 | www.watertours.co.uk*

Bahn und Bus in London: Einzelfahrten sind teuer. Erwerben Sie vor Ort an U-Bahn-Stationen, in Zeitungsläden oder noch besser vor der Reise nach England *(www.visitbritaindirect.com)* eine *Oyster Card* für stark verbilligte Fahrten: £ 3 Pfand, aufladbar vor der Reise und vor Ort an Automaten in jeder U-Bahn-Station mit Beträgen ab £ 10.

SEHENSWERTES

HEPWORTH MUSEUM UND SKULPTURENGARTEN

Barbara Hepworth (1903–1975) war eine der bedeutendsten Bildhauerinnen des 20. Jhs. Ihr Haus mit Werkstatt und Garten im Zentrum sind mittlerweile zum Museum ihrer Werke geworden. *Tgl. 10–17, Nov.–Feb. Di–So bis 16 Uhr | Eintritt £ 6, Kombiticket Hepworth/Tate £ 10 | Barnoon Hill*

TATE GALLERY

Die Außenstelle der Londoner Galerie mit 1000 Werken der Region und des 20. Jhs. ist ein architektonisches Meisterwerk. Von hier haben Sie einen sensationellen Ausblick auf den Strand und St. Ives. Das Museum bietet auch INSIDER TIPP Kunstführungen zu unterschiedlichen Themen durch den Ort an. *Tgl. 10–17, Nov.–Feb. Di–So bis 16 Uhr | Eintritt £ 9,50, Kombiticket Hepworth/Tate £ 10 | Porthmeor Beach | www.tate.org.uk/stives*

ESSEN & TRINKEN

INSIDER TIPP PORTHMINSTER BEACH CAFÉ

Direkt am Strand mit Blick auf die St.-Ives-Bucht essen Sie Fisch und vegetarische Gerichte, deren Zutaten alle ökologisch angebaut und von Produzenten vor Ort erworben wurden. *Porthminster Strand | Tel. 01736 79 53 52 | €€–€€€*

Unter der Kuppel des Eden Project entdecken Besucher den tropischen Regenwald

ÜBERNACHTEN

BOSKERRIS HOTEL

Ruhiges, stylishes Hotel mit Blick auf die Bucht vor St. Ives. Hell, freundlich und modernisiert. *15 Zi. | Boskerris Road | Carbis Bay | Tel. 01736 79 52 95 | www.boskerrishotel.co.uk | €€*

AUSKUNFT

TOURIST INFORMATION CENTRE (TIC)

Guildhall | Street-an-Pol | Tel. 01736 79 62 97 | www.stives-cornwall.co.uk

ZIELE IN DER UMGEBUNG

EDEN PROJECT (132 C5) *(D19)*

Dieser Klimapark wirkt wie aus einer anderen Welt: In einer früheren Bergbaugrube wurden unter riesigen Kunststoffkuppeln die Klimazonen der Welt nachgestellt. Wandern Sie durch den Regenwald, erholen Sie sich in der mediterranen Steppe und erfahren Sie vieles über die Ökosysteme und deren Gefährdung. *Tgl. 10–18 Uhr | Eintritt £ 27,50 | St. Austell | Tel. 01726 81 19 11 | www.edenproject.com*

LAND'S END (132 A6) *(B20)*

Der westlichste Zipfel der Insel (35 km). Scheren Sie aus aus den Touristenströmen, und laufen Sie auf dem South West Coast Path zum *Minack Theatre (Mitte März–Sept. tgl. 9.30–17, Okt.–Mitte März 10–15.30 Uhr | Eintritt £ 5 | www.minack.com)*, einem Freilichttheater, das in die Klippen hineingebaut wurde. Die Aufführungen *(Mai–Sept. | Kartentel. 01736 81 01 81)* vor dieser Kulisse sind ein Erlebnis!

NEWQUAY (132 B4) (f D19)

Das einstige Fischerdorf am Rand der Steilküste (50 km) ist die unbestrittene Surfhauptstadt Englands, in der Wettkämpfe auf Weltniveau veranstaltet werden. Die sonst ruhige Stadt schwillt im Sommer von 20 000 auf 120 000 Menschen an – nicht nur Surfer schätzen die elf Sandstrände. *www.visitnewquay.org*

ERLEBNISTOUREN

1 ENGLAND PERFEKT IM ÜBERBLICK

START: 1 Dover
ZIEL: 1 Dover

16 Tage
reine Fahrzeit
32 Stunden

Strecke:
2384 km

KOSTEN: Ca. 2000 Euro pro Person für Benzin, Verpflegung, Übernachtung, Eintritte
MITNEHMEN: Wanderschuhe, Sonnen- und Regenschutz, Badesachen

ACHTUNG: **19 Bovey Castle:** Für den *afternoon tea* ist eine Reservierung unbedingt erforderlich.

Ganz England in einem Urlaub anzusehen ist sportlich. Aber eine Rundreise kann gerade beim ersten Mal einen guten Überblick über die großartigen Sehenswürdigkeiten des Lands bieten.

Sie wollen die einzigartigen Facetten dieser Region entdecken? Dann los! Noch einfacher wird es mit der Touren-App: Laden Sie sich die Tour über den QR-Code auf Seite 2/3 oder über die Webadresse in der Fußzeile auf Ihr Smartphone – damit Sie auch offline die perfekte Orientierung haben. Bei Änderungen der Tour ist die App auf dem neuesten Stand und weicht ggf. von den Erlebnistouren im Buch ab. In diesem Fall finden Sie in den Events & News (s. S. 2/3) die neueste Tour als PDF.

TOUREN-APP

→ S. 2/3

TAG 1

① Dover

9 km

② South Foreland Lighthouse

7 km

③ Dover Marina Hotel

① **Dover** stellt für Fährreisende den ersten Kontakt mit Großbritannien dar, und **Dover Castle → S. 84** bietet die richtige Einstimmung auf die geschichtsträchtige Insel. Nach der Besichtigung machen Sie eine kleine Wanderung **entlang der Kreidefelsen zum** ② **South Foreland Lighthouse → S. 84** mit tollen Blicken über den Ärmelkanal. Gönnen Sie sich einen *cream tea* im Leuchtturm, bevor Sie sich ein Quartier suchen, beispielsweise im ③ **Dover Marina Hotel** *(81 Zi. | Waterloo Crescent | Tel. 0844 3 87 62 94 (*) | short.travel/eng8 | €€).*

Bild: Spinnaker Tower, Portsmouth

TAG 2–3

28 km

4 Canterbury

97 km

5 London

Die Schnellstraße A 2 bringt Sie nach 4 Canterbury → S. 83. Die mittelalterliche Stadt ist berühmt für ihre Kathedrale, das Zentrum der anglikanischen Kirche. **Anschließend geht es über die A 2/M 2 weiter nach 5 London → S. 84**. In der britischen Hauptstadt gibt es unendlich viel zu entdecken. Spazieren Sie zur Einstimmung **an der Themse entlang zwischen Westminster Bridge und Tower Bridge,** Londons historische Skyline stets im Blick. Vielleicht erwischen Sie zum Übernachten ein Angebot im **Langham → S. 87**, einem der edlen, geschichtsträchtigen Hotels der Stadt. Abends gibt es *pub food* – z. B. im **Founders Arms** *(52 Hopton Street | kein Tel. | www.foundersarms.co.uk | €)* an der Millennium Bridge.

Lassen Sie London auf sich wirken, z. B. bei einem Einkaufsbummel durch das **West End**. Verpassen Sie nicht **Canary Wharf** und das **Finanzviertel**. Wer genug vom Trubel hat, fährt in den noblen, ruhigen Stadtteil **Hampstead**, um durch die hübschen Straßen zu schlendern und im Park **Hampstead Heath** zu verschnaufen. Auch das **British Museum → S. 85** und das **Victoria & Albert Museum** *(Sa–Do 10–17.45, Fr 10–22 Uhr | Eintritt frei | Cromwell Road | www.fifteen.net)* sind immer einen Besuch wert. Den Abend verbringen Sie in Jamie Olivers Restaurant **Fifteen** *(15 Westland Place | Tel. 020 33 75 15 15 | www.vam.ac.uk | €€€)*.

Über die M 11 geht es in Richtung Norden nach ❻ Cambridge → S. 67. Die alte Universitätsstadt wirkt durch ihre Bewohner zugleich sehr jung. Genießen Sie die Innenstadt mit den Colleges und *punting* → S. 69 – eine Bootspartie auf dem Fluss. Übernachten Sie so zentral wie möglich, damit der nächtliche Heimweg von den Studentenpubs, z. B. vom **Cambridge Brew House** *(1 King Street | www.thecambridgebrewhouse.com | €)*, wo eigenes Bier gebraut wird, kurz ist.

❼ Leeds → S. 37, das Sie auf der A 1 erreichen, hat sich zu einer bedeutenden Großstadt gemausert, in der es sich wunderbar einkaufen und ausgehen lässt. Beeindruckend sind die **viktorianischen Einkaufsarkaden** im Zentrum; geschichtsträchtig übernachten Sie im **Malmaison** *(100 Zi. | 1 Swinegate | Tel. 0844 6 93 06 54 (*) | www.malmaison.com | €€)* in der früheren Straßenbahnzentrale.

Auch **❽ York → S. 48** mit seinem Münster kann mit jeder Menge Geschichte aufwarten. **Sie erreichen die Stadt über die A 64.** Idyllisch wird es hier am Abend, wenn die Tagestouristen gegangen sind. Dann trifft man sich z. B. im **Punchbowl** *(5–9 Blossom Street | €)*, einem alten Pub direkt am Stadttor.

Sie fahren zurück zur A 1 und vorbei an der Statue Angel of the North → S. 47 weiter **Richtung Norden bis ❾ Newcastle → S. 45**, wo Sie in einem der ältesten Speisesäle Englands zu Mittag essen, dem **Blackfriars → S. 46**. Die Stadt ist bekannt für ihre Brücken über den Fluss Tyne – den besten Blick auf diese bietet das Dachrestaurant des **Baltic Centre for Contemporary Art → S. 46**. Ein altes Lagerhaus beherbergt nun das **Hotel du Vin** *(City Road | Tel. 0844 736 42 59 (*) | www.hotelduvin.com | €€)*.

TAG 4
148 km
❻ Cambridge

TAG 5
239 km
❼ Leeds

TAG 6
40 km
❽ York

TAG 7
143 km
❾ Newcastle

TAG 8

162 km – ⑩ Keswick – 21 km – ⑪ The Daffodil Hotel & Spa

Nun geht es auf der A 69 und B 6318 westwärts. Die beiden Straßen folgen in etwa dem Verlauf des Hadrian's Wall → S. 47, des alten römischen Grenzbefestigungssystems. **Die Route führt weiter nach Süden** durch die Bilderbuchlandschaft des **Lake District → S. 35**. Machen Sie Station in der schmucken Marktstadt **⑩ Keswick → S. 37**, wo Sie bei einem Stadtbummel auf viele Einkehrmöglichkeiten stoßen, bevor Sie nach **Grasmere → S. 37** weiterfahren. Wenn Ihnen nach Ruhe und Entspannung ist, dann sind Sie in **⑪ The Daffodil Hotel & Spa** *(78 Zi. | Keswick Road | Tel. 015394 6 35 50 | www.daffodilhotel.co.uk | €€€)* direkt am See exzellent aufgehoben.

TAG 9

146 km – ⑫ Manchester – 58 km – ⑬ Liverpool

Bei der Weiterfahrt auf der A 591 haben Sie noch einmal Gelegenheit, die Schönheit des Lake District mit seinen Bergen, Seen und Dörfern zu genießen, **und gelangen zudem zur Autobahn M 6. Bei Preston zweigt die M 61 ab, die nach ⑫ Manchester → S. 41 führt.** In der früheren Industriestadt warten spektakuläre Bauten im ehemaligen Binnenhafen auf Architektur- und ein Besuch des legendären **Old-Trafford-Stadions → S. 42** auf Fußballfans. Gleich nebenan liegt mit **⑬ Liverpool → S. 39** eine weitere alte Industriestadt, deren Hafen bereits vor Jahren aufwendig saniert wurde. Bevor Sie am Abend Ihr Hotel im Zentrum aufsuchen, ist ein Besuch des **Cavern Club → S. 40** Pflicht – hier haben einst die Beatles gespielt.

TAG 10

279 km – ⑭ Oxford

Heute steht ein gutes Stück Fahrt auf dem Programm: **Via M 6 und Birmingham → S. 52** geht es **auf der M 40** nach **⑭ Oxford → S. 58**, der mit Cambridge bedeutendsten Universitätsstadt Englands. Besuchen Sie das **Christ Church College → S. 59**, und wenn Sie Fan von „Inspector Morse" oder „Lewis" sind, halten Sie die Augen offen: Beide TV-Serien wurden hier gedreht, u. a. im gediegenen Hotel **Macdonald Randolph → S. 61**, dessen Hotelbar längst in „Morse Bar" umbenannt wurde.

TAG 11

140 km – ⑮ Bristol – 28 km – ⑯ Bath

Über die A 34 und M 4 fahren Sie zurück nach Südengland. In **⑮ Bristol → S. 80**, das sein altes Hafengelände in ein Kultur- und Partyviertel umgewandelt hat, beziehen Sie im **Avon Gorge Hotel** *(75 Zi. | Sion Hill | Tel. 01179 73 89 55 | www.theavongorge.com | €€€)* direkt an der Clifton Suspension Bridge Quartier. Ganz in der Nähe gibt es etliche gute Restaurants und Pubs. Am Nachmittag lockt das nahe Weltkulturerbe **⑯ Bath → S. 78**. Schon die Römer kamen wegen der Thermalquellen hierher. Entspannen auch Sie im **Thermae Bath Spa** → S. 80, aber verpassen Sie nicht den *afternoon tea* im **Pump Room** → S. 80 an den Roman Baths.

Die Route führt Sie heute über die M 5 und die A 39 (Abzweigung bei Bridgwater) durch Somerset und Devon. Genießen Sie die wunderbare Landschaft des **Exmoor**. ⑰ **Porlock** bietet sich für einen Zwischenstopp an. Die Miles-Kaffeerösterei hat hier ihren Sitz, in den hiesigen Cafés und Pubs bekommen Sie also INSIDER TIPP ausgezeichneten lokal gerösteten Kaffee. Der Doppelort ⑱ **Lynton and Lynmouth**, zwischen dessen beiden Ortsteilen eine Wasserballastbahn verkehrt, ist perfekt für die Nacht – checken Sie z. B. im traditionsreichen **Shelley's** *(7 Zi. | Watersmeet Road | Lynmouth | Tel. 01598 73 89 55 | www.shelleyslynmouthexmoor.co.uk | €)* mit Blick aufs Meer ein.

Die A 39 und A 386 bringen Sie in Richtung Süden zum nächsten Höhepunkt: Im **Dartmoor** schlängeln sich die schmalen Straßen durch eine traumhafte Moorlandschaft. Bei einem *afternoon tea* in den altehrwürdigen Mauern des ⑲ **Bovey Castle** *(North Bovey | Tel. 01647 44 50 07 | www.boveycastle.com)*, heute ein Golfhotel, können Sie die Eindrücke Revue passieren lassen. Nicht mehr weit ist es bis ⑳ **Plymouth**, wo Sie sich eine Unterkunft suchen. Am alten Hafen finden Sie zahlreiche Pubs und Restaurants. Probieren Sie den *Plymouth gin*, der hier destilliert wird.

Via A 38 sind Sie schnell in ㉑ **Exeter**, der Hauptstadt Devons. Dort sollten Sie die **Kathedrale** nicht verpassen. Für die Nacht geht es **über die A 30 und A 303** und mit einem Zwischenstopp am prähistorischen Steinkreis ㉒ **Stonehenge** → S. 81 in eine weitere Kathedralenstadt: ㉓ **Salisbury**. Hier wird im **Salisbury Cathedral Chapter House** *(Mo–Sa 9.30–17.30, So 12–16.30 Uhr | Eintritt frei, £ 7,50 Spende empfohlen)* eine der letzten vier verbliebenen Exemplare der Magna Charta, der Urform der englischen Verfassung, aufbewahrt. Das **White Hart Hotel** *(68 Zi. | 1 St John Street | Tel. 01962 31 28 01 | short.travel/eng2 | €€)* ist eine der ältesten Herbergen Englands. Sehen Sie über knarrende Böden hinweg, genießen Sie Ihr Dinner und das Flair vergangener Zeiten.

Heute fahren Sie zurück an die Küste: Zunächst **auf der A 36 nach** ㉔ **Southampton**, wo Sie auf dem **Titanic Trail**

TAG 12
131 km
⑰ Porlock
19 km
⑱ Lynton and Lynmouth

TAG 13
107 km
⑲ Bovey Castle
45 km
⑳ Plymouth

TAG 14
72 km
㉑ Exeter
148 km
㉒ Stonehenge
21 km
㉓ Salisbury

TAG 15
38 km
㉔ Southampton

32 km

㉕ Portsmouth

83 km

㉖ Brighton

TAG 16

143 km

① Dover

(short.travel/eng3) auf den Spuren des Ozeandampfers wandeln können, der von hier zu seiner ersten und einzigen Fahrt auslief. In ㉕ **Portsmouth** → S. 88, das Sie **über die M 27** erreichen, sollten Sie zu den **Gunwharf Quays** bummeln, dem umgewidmeten Hafenviertel mit großer *outlet mall*, und von den Aussichtsplattformen des **Spinnaker Tower** → S. 88, Englands höchsten Bauwerks außerhalb Londons, den Blick auf Hügel und Meer genießen. **Die A 27 bringt Sie nach** ㉖ **Brighton** → S. 82, dem letzten Stopp auf dieser Tour. Das alte Seebad ist ein beliebtes Ausflugsziel der Londoner. Gönnen Sie sich ein Bad im Ärmelkanal, bevor Sie im **Grand Brighton Hotel** → S. 83, einem großen, altehrwürdigen Haus am Meer mit ambitioniertem Restaurant und luxuriösem Spa einchecken. Nach dem Abendessen schlendern Sie zum berühmten **Brighton Pier** → S. 82 und tauchen ins lebendige Nachtleben ein.

Letzte Chance für Shopping auf den **Lanes** mit ihren kleinen Läden und ausgefallenen Boutiquen und Sightseeing: Statten Sie unbedingt noch dem **Royal Pavilion** → S. 82, dem königlichen Haus, das im indischen Stil umgebaut wurde, einen Besuch ab, bevor Sie **auf der Küstenstraße A 27** zurück zu den Kreidefelsen von ① **Dover** fahren.

2 NATURERLEBNIS IM LAKE DISTRICT

START: ① Ambleside
ZIEL: ① Ambleside

1 Tag
reine Fahrzeit
5 Stunden

Strecke: 201 km
Schwierigkeitsgrad: sehr leicht

KOSTEN: Ca. 50 Euro pro Person für Benzin, Zugfahrt, Verpflegung
MITNEHMEN: Wanderschuhe, Wasser, Sonnenschutz, Regenjacke

ACHTUNG: ④ **Ravenglass & Eskdale Steam Railway:** Von Nov. bis April verkehren die Züge nicht täglich.

Bei gutem Wetter ist der Rundtrip durch den Nationalpark ein besonderes Vergnügen. Doch auch an einem trüben Tag ist der Lake District sehens- und die Wanderung um den Wast Water lohnenswert.

① Ambleside

18 km

08:00 Ausgangspunkt ist das viktorianische ① **Ambleside** im Zentrum des Lake District, ein im Sommer stark frequentiertes Marktstädtchen. **Von Ambleside fahren Sie westlich ein Stück auf der A 593, danach auf einem Ab-**

zweig weiter westlich durch Little Langdale zum Wrynose Pass. Auf kurvenreichen Straßen geht es an Bächen vorbei zum **② Hardknott Pass** (393 m). Oben haben Sie bei gutem Wetter eine hervorragende Sicht auf Tal und Berge. Mit etwas Glück ist in der Ferne sogar die Isle of Man zu erspähen. **Auf dem Weg ins Eskdaletal kommen Sie auf halber Höhe** an den römischen Ruinen des **③ Hardknott Fort** vorbei. Klettern Sie hinauf, und genießen Sie den Blick übers Land. **Anschließend geht es auf der Passstraße weiter, am Inn King George IV halten Sie sich links Richtung Ravenglass.**

Im Tal angelangt, sehen Sie rechter Hand den **④ Bahnhof der Ravenglass & Eskdale Steam Railway** *(Fahrten mehrmals tgl. | Rückfahrtticket £ 15 | www.ravenglass-railway.co.uk)*, eine der ältesten noch in Betrieb befindlichen Schmalspur-Dampfeisenbahnen Englands. Sie bringt Touristen die 11 km **von Ravenglass bis nach Delegarth.** Lassen Sie den Wagen stehen und genießen Sie eine Fahrt auf Schienen – sie dauert je Richtung rund 40 Minuten.

11:30 **Mit dem Auto geht es zurück zur A 595 und hier nordwärts. Bei Holmrook biegen Sie in Richtung Nether Wasdale zum ⑤ Wast Water** ab. Zeit für einen Badestopp – zumindest für geübte Schwimmer, denn der See

② Hardknott Pass

2 km

③ Hardknott Fort

22 km

④ Bahnhof der Ravenglass & Eskdale Steam Railway

36 km

⑤ Wast Water

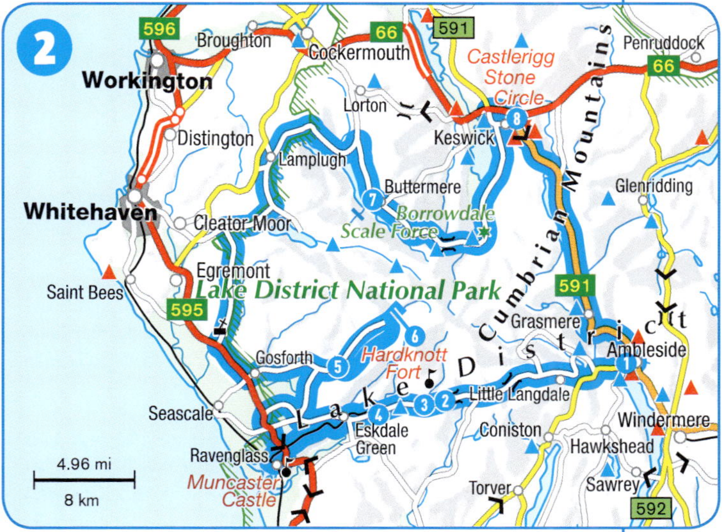

Zu den Wanderhöhepunkten in England zählt eine Tour durch die Bergwelt des Lake District

19 km

6 Wasdale Head

54 km

7 Croft House Farm Café

26 km

8 Castlerigg Stone Circle

ist mit 79 m der tiefste Englands. Am Ufer entlang führt ein INSIDER TIPP schöner Wanderweg rund um den See mit Blick auf die Berge (10 km). Am anderen Ende des Wast Water, in **6 Wasdale Head**, erwartet Sie die kleinste **Kirche** Englands und der **Wasdale Head Inn** *(tgl. | Tel. 19467 262 29 | www.wasdale.com | €)* zum Lunch. Ein Hotspot für Wanderer und Kletterer, denn hier beginnt der Aufstieg zum höchsten Berg Englands, dem Scafell Pike (978 m). Für die Seeumrundung sollten Sie zwei Stunden zuzüglich Lunchpause einplanen.

Vom See aus fahren Sie zurück in Richtung Gosforth und von dort aus auf der A 595 über Calder Bridge auf einer abzweigenden Straße nach Ennerdale Bridge. Immer wieder sehen Sie die typischen Schiefermauern, mit denen die Farmer ihr Land abgrenzen. **Hinter Lamplugh geht es nach rechts über Loweswater nach Buttermere**. Am See gelegen, umgeben von den höchsten Bergen der Region und vielen Wasserfällen, ist der Ort ein beliebter Ausgangspunkt für Bergwanderungen. Für Sie ist es nun aber höchste Zeit für den *afternoon tea:* **Folgen Sie der Ausschilderung „YHA Buttermere" bis zum 7 Croft House Farm Café** *(www.crofthousefarmcafe.co.uk)*, einem kleinen Café in malerischer Kulisse.

16:00 Die Fahrt führt weiter **über den Honister Pass durch das Borrowdale entlang dem Derwent Water nach Keswick → S. 37. Fahren Sie nun ein Stück die A 66 nach Osten entlang** zum 5000 Jahre alten **8 Castle-**

rigg Stone Circle. Nach einem Spaziergang um das Steinoval aus der frühen Bronzezeit bringt Sie **die A 591 in Richtung Süden wieder zurück nach 1 Ambleside**.

24 km

1 Ambleside

3 LITERARISCHE SPURENSUCHE IM BRONTË-COUNTRY

START: 1 Brontë Parsonage Museum
ZIEL: 8 Black Bull

1 Tag
reine Gehzeit
3½ Stunden

Strecke: 13 km
leicht
Höhenmeter: 172 m

KOSTEN: Ca. 20 Euro pro Person für Eintritt und Verpflegung
MITNEHMEN: Wanderschuhe, Proviant, Sonnenschutz, Handtuch, Regenjacke, Buch „Sturmhöhe" von Emily Brontë

ACHTUNG: Der Weg ist leicht, nur auf dem Stück zum Top Withins geht es etwas steiler bergauf.

Haworth ist ein kleiner, hügeliger Ort im Norden Englands. Hier in den Mooren von Westyorkshire lebten in der Mitte des 19. Jhs. die Brontës, Englands berühmteste Literatenfamilie. Die Bücher der Pfarrerstöchter Charlotte, Emily und Anne sowie ihr früher Tod machten den Ort zur literarischen Pilgerstätte.

10:00 Ausgangspunkt der Spurensuche ist das **1 Brontë Parsonage Museum** *(tgl. 10–17.30, Okt.–März 11–17 Uhr | Church Street | Eintritt £ 8,50 | www.bronte.org.uk)* im alten Pfarrhaus von **Haworth**, das nach überlieferten Beschreibungen restauriert wurde. Werfen Sie einen Blick in das Leben und den Alltag der Familie Brontë und stimmen Sie sich auf die kleine Wanderung ein, bevor Sie sich **ortsauswärts auf den ausgewiesenen Weg nach Peninstone Hill machen. Von dort geht es – ebenfalls gut ausgeschildert – zu den 2 Brontë Waterfalls.** Die drei Schwestern bezeichneten den schönen Platz als den „Treffpunkt des Wassers", das hier von drei Seiten herabströmt und sich in einem Fluss zusammenfindet. Übersehen Sie nicht den Stein, der an einen Sessel ohne Lehne erinnert und von den Leuten im Ort „Charlottes Stein" getauft wurde. Genießen Sie die wunderbar grüne Landschaft, gönnen Sie sich ein Päuschen auf einem der großen Steine und INSIDER TIPP kühlen Sie an heißen Tagen Ihre Füße im klaren Wasser. Sie finden auch auf dem Weg immer wieder eine Bank, auf der Sie kurz rasten können.

1 Brontë Parsonage Museum

4 km

2 Brontë Waterfalls

1,7 km

❸ Top Withins

0,5 km

Danach wird es etwas anstrengender. **Überqueren Sie die Brontë Bridge und gehen Sie dann leicht bergauf.** Auf dem ❸ **Top Withins** angelangt, können Sie den frischen Wind und an schönen Tagen den Ausblick weit über das Haworth-Moor genießen. Die Anhöhe soll Emily Brontë zu ihrem Buch „Sturmhöhe" inspiriert haben.

Die rote Telefonzelle, heimliches Wahrzeichen Englands, gibt's auch in Haworth

13:00 **Gehen Sie nun ein Stück bergab** zu der ❹ **Ruine eines ehemaligen Bauernhofs**, an dessen Außenmauer Sitzgelegenheiten angebracht sind – eine perfekte Gelegenheit für den Lunch. Erholen Sie sich vom Aufstieg und lesen Sie ein bisschen in der „Sturmhöhe". Oder beobachten Sie die zahlreichen Schafe, die fast das ganze Jahr über hier oben grasen. **Für den Rückweg wählen Sie zunächst jenen Weg, auf dem Sie auch gekommen sind, halten sich jedoch bei der Gabelung nach etwa 70 m links, um für etwa 3 km der Beschilderung „Pennine Way" zu folgen.** Es geht an Wiesen vorbei, **bis Sie rechter Hand ein Wasserreservoir sehen. Der Pennine Way bringt Sie in diesem Bereich direkt auf die Main Street, der Sie auf dem Fußpfad nach rechts in Richtung Haworth folgen.** Zurück in **Haworth** werfen Sie einen Blick in die ❺ **Kirche**, in der es eine kleine Gedenkstätte für die Familie gibt. Ein Schild am Eingang zeigt Ihnen, wo genau ihre Gräber unter einer Steinplatte liegen. Die Grabstätten auf dem ❻ **Friedhof** bezeugen, dass nicht allein die Brontë-Familie den viel zu frühen Tod vieler Angehöriger zu beklagen hatte. Bei einem Bummel durch die engen Gassen des Orts erleben Sie ein typisch nordenglisches Dorf – mit schmalen Häusern und der obligatorischen roten Telefonzelle im Zentrum. Neben zahlreichen Pubs und Restaurants gibt es auch einige nette Geschäfte, beispielsweise ❼ **Mrs. Beightons Sweet Shop** *(127 Main Street | www.mrsbeightons.co.uk)*. Hier können Sie sich mit Süßigkeiten eindecken.

❹ Ruine eines ehemaligen Bauernhofs

6 km

❺ Kirche

0,2 km

❻ Friedhof

CITY

0,1 km

❼ Mrs. Beightons Sweet Shop

0,2 km

❽ Black Bull

16:30 Zum Abschluss des Tages begeben Sie sich wieder auf Brontë-Spuren und kehren im ❽ **Black Bull** *(119 Main Street | Tel. 01535 642249 | €)* ein. Hier soll Branwell, der einzige, talentierte, doch erfolglose Sohn der

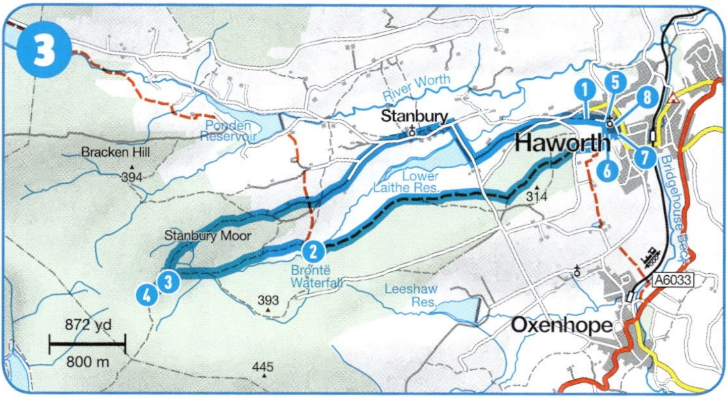

Familie, der sich nicht als Schriftsteller, sondern als Maler versuchte, so manches Glas zu viel getrunken haben. Sie genießen hier das gute Essen und von den Außenplätzen den wunderbaren Blick die Main Street hinab bis weit in die Landschaft vor Haworth.

4 KÜSTENTOUR DURCH EAST ANGLIA

START: ❶ **Southwold**
ZIEL: ❼ **Orford**

Strecke:
56 km

1 Tag
reine Fahrzeit
1 Stunde

KOSTEN: Ca. 40 Euro pro Person für Benzin, Verpflegung, Eintritte
MITNEHMEN: Badesachen, Picknickdecke und -korb

ACHTUNG: Geübte Radfahrer können die Strecke auch per Rad zurücklegen.

East Anglia ist unter Touristen trotz seiner schönen Küste, der idyllischen Dörfer und kleinen Städte wenig bekannt. Genießen Sie diese Tagestour, die meist auf einsamen Nebenstraßen verläuft. Probieren Sie köstlichen Fisch und frische Austern, und lassen Sie sich in vergangene Zeiten zurückversetzen.

09:00 ❶ **Southwold** ist Ausgangspunkt der Tour. Der Ort besitzt mit Seebrücke und Leuchtturm alles, was einen Badeort ausmacht. Starten Sie mit einem

❶ **Southwold**

Schon mal Austern probiert? In der Butley Orford Oysterage haben Sie Gelegenheit

14 km

❷ Dunwich

6 km

❸ Westleton-Minsmere-Reservat

11 km

❹ Thorpeness

Strandspaziergang – Hartgesottene können auch ein Bad im meist kühlen Wasser wagen – und einem Frühstück im INSIDER TIPP **Fifty One** *(51 High Street | Tel. 1502 72 61 57 | €)*, einem erstklassigen kleinen Bistro.

Über die A 1095, A 12 und Dunwich Road gelangen Sie nach ❷ **Dunwich**. Hierher kommt man, um zu sehen, was es nicht (mehr) gibt. Zu Zeiten der Angelsachsen war Dunwich die größte Stadt der Region. Heute liegen sechs Kirchen, drei Kapellen, ein Kloster und viele Häuser auf dem Meeresgrund, denn stetig frisst sich das Meer in die Küste. Im **Dunwich Museum** *(April–Okt. tgl. 11.30–16.30 Uhr | Eintritt frei | St. James Street | www.dunwichmuseum.org.uk)* wird die Chronik des Verschwindens erzählt.

Das ❸ **Westleton-Minsmere-Reservat, das Sie über die Dunwich Road und die B 1122 erreichen,** ist eines der größten Vogelschutzgebiete des Lands und einen Stopp wert. Ein Spaziergang durch das Heideland, den Wald und die Lagunen bildet eine wohltuende Abwechslung zum Autofahren. Weiter geht es **über die B 1122 und die B 1353 (Abzweigung bei Aldringham)** nach ❹ **Thorpeness**. Der Ort ist ein Modelldorf aus der Edwardian-Zeit (1901–1914). Auffällig ist das **Haus in den Wolken**, ein ehemaliger Wasserturm mit Ferienwohnungen auf der Spitze.

3 km

13:00 Die **Thorpe Road** bringt Sie nach ❺ **Aldeburgh**. Beim Bummel durch das charmante Seebad sollten Britten-Verehrer das Grab des Komponisten auf dem **Friedhof der Aldeburgh Church** besuchen. **Auf der Aldeburgh Road fahren Sie in Richtung Westen nach Church Common, um dort links in die Church Road abzubiegen, die zu** ❻ **Snape Maltings** *(www.snapemaltings.co.uk)* führt. Die ehemalige Mälzerei beherbergt nun Geschäfte und das Pub-Restaurant **Plough and Sail** *(Tel. 01728 68 83 03 | www.theploughandsailsnape.com | €–€€)*.

❺ Aldeburgh

10 km

❻ Snape Maltings

12 km

15:00 ❼ **Orford**, Ihr Tagesziel, erreichen Sie **auf der B 1084.** Hier decken Sie sich in der **Butley Orford Oysterage** *(Mo–Fr 10–16.30, Sa 9–16.30, So 10–16 Uhr | Quay Street | www.pinneysoforford.co.uk | €–€€)* mit Austern und Lachs ein. Doch bevor Sie sich am Fluss Alde, aus dem die Austern stammen, zum Picknick niederlassen, besichtigen Sie noch die 30 m hohe **Burg** *(tgl. 10–16 Uhr | Eintritt £ 7,30)* aus dem 12. Jh., deren Turm einen außergewöhnlichen Grundriss besitzt.

❼ Orford

5 DURCH DIE LONDONER DOCKLANDS

START: ❶ Tower of London Park
ZIEL: ❾ Anleger London Eye (Waterloo)

3 Stunden
reine Fahrzeit (Rad und Boot) 1 Stunde

Strecke:
14 km

KOSTEN: Rad 8 £, Bootsfahrt 8 £ pro Person
MITNEHMEN: Regenjacke, Sonnenschutz

ACHTUNG: Cityräder *(Gebühr: 2 £ inkl. 30 Freiminuten, zzgl. 2 £ pro 30 Min.)* können ohne Registrierung an jeder Station entliehen und zurückgegeben werden, gezahlt wird mit Kreditkarte.

Radfahren in London kann idyllisch sein und ist (nicht nur) im ehemaligen Hafengebiet eine prima Alternative zum Sightseeing-Spaziergang.

Startpunkt ist die Fahrradstation am ❶ **Tower of London Park** an der U-Bahn-Station Tower Hill. **Über den**

❶ Tower of London Park

❷ St. Katharine's Docks

❸ Wapping High Street

❹ Eisenträgerbrücke

❺ Narrow

❻ Museum of London Docklands

St. Katharine's Way östlich der Tower Bridge (Nordufer) gelangen Sie zu den ❷ **St. Katharine's Docks** aus dem 19. Jh., heute der Londoner Yachthafen. **Folgen Sie weiter dem St. Katharine's Way bis zu einem Kreisel. Dort halten Sie sich rechts,** bis Sie zur ❸ **Wapping High Street** kommen. Alte Lagerhäuser wurden hier zu Wohnkomplexen umgebaut. **Fahren Sie nun rund 1,2 km auf der Wapping High Street, bis Sie nach einer Kurve die St. Peter's Primary School zu Ihrer Linken sehen. Gegenüber führt die Tour in die Straße Wapping Wall, die in die Glamis Road übergeht.** Von der alten ❹ **Eisenträgerbrücke** hat man rechts einen schönen Blick auf das Finanzzentrum Canary Wharf. **Nach der Brücke biegen Sie rechts vor dem Sportplatz auf den Thames Path zur Narrow Street ab, der Sie weiter folgen. Auf einer Brücke überqueren Sie den Stichkanal zum Limehouse Dock.** Direkt an der Brücke hat Starkoch Gordon Ramsey mit dem ❺ **Narrow** *(Tel. 020 75 92 79 50 | www.gordonramsay.com/thenarrow | €€)* einen Pub mit hervorragendem Restaurant eröffnet. Die Terrasse gewährt einen wundervollen Blick auf die Themse.

In einer leichten Linkskurve etwa 100 m weiter führt rechts an der Dunbar Wharf ein Weg zur Themse. Folgen Sie ihm bis zum Canary Wharf Pier. Durch einen kleinen Park auf der linken Seite geht es in die West India Avenue. Halten Sie sich links, um zum West India Quay zu gelangen. Einst wurden in den Speichern Tee, Rum und Zucker aus der Karibik gelagert. Links finden Sie das ❻ **Museum of London Docklands** *(tgl. 10–18 Uhr | Eintritt frei | short.travel/eng10)*, das über die Geschichte der Docks informiert. Vor dem Abstecher ins Museum können Sie Ihr Rad am **Fisherman's Walk auf der Südseite**

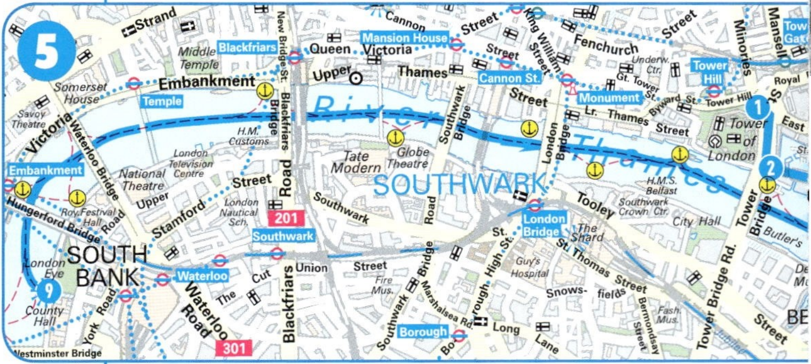

Arbeiten und essen: Canary Wharf ist nun ein moderner Bürohauskomplex mit vielen Lokalen

des West India Quays (an der Brücke) abgeben. Wenn Sie nach den vielen Eindrücken noch eine Stärkung brauchen: Das 7 INSIDER TIPP **Brown's** *(26 Hertsmere Road | Tel. 020 79 87 97 77 | short.travel/eng9 | €€)* ist eines der schicken, aber gemütlichen Lokale in einem alten Speicher und für seine gute Küche bekannt.

Schlendern Sie nun auf die andere Seite des Hafenbeckens und halten Sie sich rechts. Auf der West India Avenue gelangen Sie zurück zum Park an der Westferry Road. Passieren Sie ihn, und Sie kommen zum 8 Canary Wharf Pier. Dort besteigen Sie eines der alle 20–30 Minuten verkehrenden Themseboote, das Sie zurück in die Innenstadt zum **9 Anleger London Eye (Waterloo)** bringt.

7 Brown's

8 Canary Wharf Pier

9 Anleger London Eye (Waterloo)

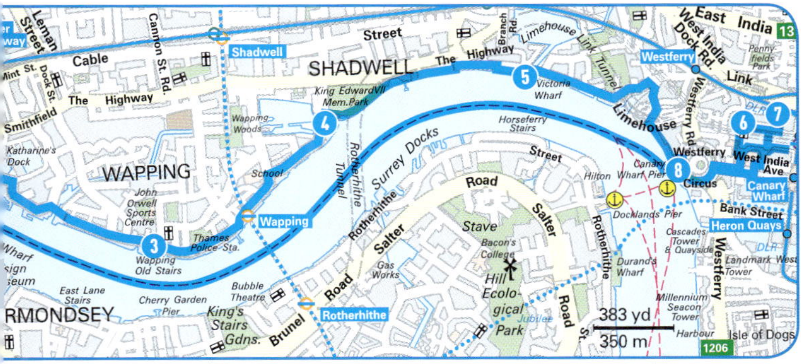

SPORT & WELLNESS

Sport ist in England Thema Nummer eins – nicht nur im Pub, wo es oft die ganze Woche um Fußball und Rugby geht, sondern auch im Alltag.

Engländer reden jedoch nicht nur über Sport, sie gehen ihm auch selbst nach – sei es beim Fußball, im Fitnessstudio oder bei einer Joggingrunde. Dorfanger werden sonntags zum Kricketfeld, auf dem weiß gekleidete Männer stundenlang begeistert spielen. Auch Rudern steht hoch im Kurs, Tennis und Golf zählen zum Volkssport.

ANGELN

Die englische Anglervereinigung ist die größte Sportorganisation des Lands. Wer im Meer angeln will, braucht keine Zulassung. Für Flüsse und Seen müssen Sie sich bei der lokalen Behörde, meistens ist es die örtliche Post, eine *rod licence* besorgen. Eine Tageskarte kostet £ 6, eine Wochenkarte £ 12. Für Lachse und Meeresforellen liegen die Preise höher. Der Fluss Wye an der Grenze zu Wales ist das beste Gebiet für Lachse. INSIDER TIPP Forellenfischen im Fluss Test, nördlich von Southampton, ist ebenfalls zu empfehlen. *Angling Foundation | Tel. 0333 5 77 99 70 | www.anglingfoundation.co.uk, www.environment-agency.gov.uk*

COASTEERING

Eine Trendsportart, die wie ein Versehen wirkt: eine Mischung aus Klettern, Klippenspringen und Schwimmen. Man

Hier brauchen Sie kein Handicap, um den Golfschläger zu schwingen. Oder wie wäre es mit Lachsfischen und Wasserski?

klettert im Neoprenanzug mit Helm und Schwimmweste an den Küsten entlang und springt an geeigneten Stellen ins Meer. Ursprünglich in den Achtzigerjahren in Wales entstanden, hat sich dieser Zeitvertreib inzwischen auf der ganzen Insel durchgesetzt – vor allem in Cornwall. Wer es ausprobieren möchte, tut allerdings gut daran, diesem Sport nur in organisierten Gruppen nachzugehen, da er nicht ganz ungefährlich ist. Ein zweistündiger Trip kostet ab £ 25. *Tel. 01637 83 12 06 | www.coasteering.org*

GOLF

Golfen ist in England vielerorts ein Massensport und überhaupt nicht versnobt. Die Auswahl an Plätzen ist riesengroß: Auf öffentlichen Plätzen kostet eine Runde Golf pro Person ab £ 15 *(www.golf.co.uk).*

Immer beliebter werden die Spaßvarianten: Vor allem in Seebädern finden Sie in der Regel Minigolfanlagen *(www.minigolf.org.uk)*, im ganzen Land gibt es *Foot-Golf*-Plätze *(www.ukfootgolf.com).*

Bei dieser in Deutschland „Soccergolf" genanten Variante nutzen Sie statt Schläger und Golfball Ihren Fuß und einen Fußball, um die Löcher zu bewältigen. Wem das noch nicht genug Fun bringt: Unter dem Begriff *crazy golf* fassen die Engländer ungewöhnliche Kombinationen von Golf und zumeist Party zusammen. *Plonk (plonkgolf.co.uk)* bietet diese Variante in London und Brighton an. *Ghetto Golf (www.ghettogolf.co.uk)* vereint Golfspielen und Alkohol – Sie feiern an der Bar, essen Streetfood und machen ab und zu ein paar Abschläge in einer Halle – in Liverpool und Birmingham.

RADFAHREN

Viele Jahre galt die Insel als nicht besonders fahrradfreundlich. Das hat sich inzwischen geändert. Das *National Cycle Network* umfasst jetzt rund 23 000 km an Fahrradwegen. So kann das Land von Küste zu Küste von West nach Ost auf der *Sea to Sea Cycle Route* (379 km, blaue Schilder C2C) sicher durchradelt werden. Wer nicht gern über Hügel fährt, wählt die landschaftlich und geschichtlich reizvolle Strecke durch das Themsetal (155 km) von London nach Oxford. Eine gute Radstrecke ist auch der Weg zwischen Harwich und Hull (500 km, Route 1, *Sustrans | Bristol | Tel. 0845 113 00 65 | www.sustrans.org.uk*). Wer sein eigenes Rad nicht mitnehmen möchte, kann sich in jedem halbwegs größeren Ort eines mieten. Reiseveranstalter wie *Compass Holidays (Tel. 01242 25 06 42 | www.compass-holidays.com)* organisieren Touren sowie Gepäcktransporte.

REITEN

Pferde sind bei den Briten ein Pflichtbestandteil des Landlebens. Vor allem in Südengland (Dartmoor, Exmoor), in den Cotswolds sowie im Lake District gibt es auch für Touristen Reitmöglichkeiten. Die *British Horse Society (Tel. 02476 84 05 15 | www.bhs.org.uk)* hält Informationen über gut geeignete Gegenden vor. Zudem gibt es die *National Trails (www.nationaltrail.co.uk)* – landschaftlich reizvolle Wege auch für Reiter im ganzen Land.

SEGELN & SURFEN

England ist eine alte Seefahrernation, und Segeln ist bis heute sehr beliebt. Im Solent, zwischen Südengland und der Isle of Wight, tummeln sich Segelboote und Yachten. Unter Surfern der Hit ist Newquay mit seinen elf Stränden, an denen das ganze Jahr über Meisterschaften ausgetragen werden. Wer Surfen lernen will, hat hier viele Schulen zur Auswahl *(www.surfnewquay.co.uk)*. Auch im Norden wird Wassersport großgeschrieben. Das *Low Wood Watersport Centre (englishlakes.co.uk/watersports)* am Lake Windermere bietet Segeln, Motorbootfahren, Wasserski und Tauchen an. Die Isle of Wight an der Südküste entwickelt sich zum Zentrum für Abenteuersport wie *Kitesurfing (Sailing Academy | Tel. 01983 29 49 41 | www.uksa.org)*.

TENNIS

Während der Tennisboom in Deutschland längst vorbei ist, erfreuen sich die Engländer nach wie vor daran – und dies nicht nur im Sommer, wenn in Wimbledon das legendäre Grand-Slam-Rasenturnier ausgetragen wird. Als Tourist Tennis zu spielen ist entsprechend leicht möglich: Jedes größere Landhotel bietet meist Plätze und die Möglichkeit, Schläger zu leihen. Der nationale Tennisverband *Lawn Tennis Association (www.lta.org.uk)* informiert über Clubs vor Ort. Den berühmten Rasen von Wimbledon besichtigen Sie am besten im Rahmen einer Führung *(tgl. 10–17 Uhr | Tel. 020 89 46 61 31 | Eintritt Museum £ 13, inkl. Tour £ 24 | www.wimbledon.com).*

WANDERN

Engländer wandern gern, und ihre Organisation, die *Ramblers Association (www.ramblers.org.uk)*, ist eine der einflussreichsten im Land. Das Netz an Wanderwegen ist dicht. In allen Landesteilen gibt es Fernwanderwege. Der bekannteste ist der 430 km lange *Pennine Way* vom Peak District zur schottischen Grenze. Landschaftlich wunderbar sind auch der 285 km lange *Offa's Dyke Footpath* entlang der Grenze zu Wales und der *South West Coast Path* rund um die Küste von Dorset über Devon und Cornwall nach Somerset. Mit 1014 km ist letzterer kaum in einem Urlaub zu bewältigen, aber es ist überall möglich, kurze Teilstrecken zurückzulegen. Weniger bekannt ist der INSIDER TIPP *North Norfolk Coast Path*. Er führt in leichten Tagesetappen 74 km von Hunstanton bei King's Lynn nach Cromer. Unterwegs kommt man an Sandstrände, passiert Naturschutzgebiete und hat Gelegenheit, in alten Pubs neue Kräfte zu sammeln *(www.nationaltrail.co.uk)*. Gute Karten mit lokalen Wanderrouten bekommen Sie in jeder Touristeninformation und in Buchhandlungen vor Ort.

WELLNESS

Mit dem Fitnesstrend hat sich eine Vorliebe der Briten für Wellness entwickelt. Vor allem in Südengland haben immer mehr teure Hotels über Wellnessbereiche, die auch Nicht-Übernachtungsgästen offenstehen. Besonders aufwendig sind die Angebote im *Double Tree (www.doubletreechester.co.uk)* in Chester, im *Mandarin Oriental (short.travel/eng4)* in London sowie im *Pennyhill Park Hotel (short.travel/eng6)* in Bagshot. Ein tolles Wellnesserlebnis bietet auch das *Thermae Bath Spa* (s. S. 80) in Bath.

Das englische Radwegenetz erschließt auch die Nationalparks – wie hier den New Forest

MIT KINDERN UNTERWEGS

Urlaub in England ist auch für Kids unterhaltsam und oftmals sogar für die ganze Familie lehrreich. Angebote der Museen und vieler Sehenswürdigkeiten sind meist auf Kinder ausgerichtet: Interaktiv und anschaulich wird Wissen vermittelt – nicht selten lernen auch Erwachsene noch etwas dazu.

Vielerorts gibt es inmitten der berühmtesten Sehenswürdigkeiten gut ausgestattete Abenteuerspielplätze, Seen mit Bootsverleih oder Miniatureisenbahnen. Die staatlichen Topmuseen gewähren Kindern freien Eintritt. Der Eintritt für die anderen Museen ist dagegen oft sehr teuer. Die folgenden Preise für Familientickets gelten für zwei Erwachsene und zwei Kinder bei Kauf vor Ort, der INSIDER TIPP Onlinekauf ist fast immer viel billiger.

DER NORDEN

BEAMISH OPEN AIR MUSEUM

(147 E4) (*🕮 L5*)

Eine Reise ins England des 19. Jhs. In diesem Freilichtmuseum rattern Sie mit der Tram oder dem historischen Doppeldeckerbus über Kopfsteinpflaster, vorbei an historisch gekleidetem Personal, besuchen den Süßwarenladen, die Druckerei, die Bank und probieren das frisch gezapfte Bier im Pub. Die Grafschaft Durham war die Wiege der Eisenbahn. Hier fuhr 1825 die erste Passagierbahnlinie. Kein Wunder also, dass auch eine komplette Eisenbahnstation mit Lokomotiven, Stellwerk, Signalen und Fahrkartenhäuschen hierhin transportiert und neu aufgebaut wurde. Auch unter Tage können die

Spiel, Spaß, Spannung: Superschnell und schaurig-schön geht es in den Freizeitparks zu, spannend-lehrreich in den Museen

Besucher fahren. Die alte Zeche wurde komplett wiederhergestellt. Außerdem Special Events und Sonderausstellungen. *April–Okt. tgl. 10–17, Nov.–März Di–Do, Sa/So 10–16 Uhr | Familienticket £ 49,50 | 18 km südl. Newcastle (A 693) | www.beamish.org.uk*

BLACKPOOL PLEASURE BEACH
(143 D–E4) *(🕮 H8)*

Bei ihrer Eröffnung in den Neunzigern war sie die schnellste und höchste Achterbahn der Welt. Inzwischen hält *The Big One* im Blackpool Pleasure Beach mit 140 km/h und 70 m Höhe diesen Rekord nur noch in Bezug auf das Vereinigte Königreich. Macht aber nichts – der Spaß ist geblieben. Kleinere Kinder können sich im *Nickelodeon Land* im Park bei Sponge Bob & Co. vergnügen. *Feb.–Nov. tgl. 11–17 Uhr, teilweise länger | Familientagespass £ 98 | www.blackpoolpleasurebeach.com*

FUSSBALL: STADIONTOUREN
Viele Clubs bieten die Möglichkeit, einen Blick hinter die Kulissen zu werfen. In *Old*

Trafford, dem Stadion von Manchester United FC, geben ein Museum und die Stadiontour einen Einblick in den Spielbetrieb (s. S. 42, *Familienticket £ 54*). Auch der Liverpool FC (s. S. 40, *Familienticket £ 55*) erlaubt einen Blick ins Stadion, die Umkleidekabinen und den Spielertunnel. Im Besucherzentrum können Sie Erinnerungsstücke bestaunen und einen Film über den Club sehen.

LEGOLAND DISCOVERY CENTRE

(143 F5) (*🕮 J9*)

Zwei Mio. Legobausteine, interaktive Spiele und ein Miniland mit Feuerwehrstation sowie englischen Sehenswürdigkeiten, die sogar auf Erdbebensicherheit geprüft werden können: In diesem Mini-Legoland in Manchester dreht sich alles um die kleinen, bunten Bausteine. Seit 2018 gibt es einen weiteren Ableger in Birmingham. *Tgl. 10–19 Uhr | Familienticket £ 54 | Barton Square | The Trafford Centre Manchester | Vorausbuchung empfohlen: www.legolanddiscoverycentre.co.uk/manchester*

DER WESTEN

ALTON TOWERS (138 C2) (*🕮 K11*)

In Englands meistbesuchtem Themenpark erwarten Sie besonders rasante Fahrten durch Wasser, Höhlen und vereiste Gewölbe. Gleich acht Achterbahnen lassen Ihnen mitunter den Atem stocken, außerdem fährt eine Gondelbahn über das Gelände. *April–Okt. tgl. 10–17 Uhr | Familienticket £ 206, bei* Vorabbuchung *sparen Sie fast 50 % | Alton (M 6) | Tel. 0871 2 22 33 30 (*) | www.altontowers.com*

IRONBRIDGE GORGE – BLISTS HILL

(138 C3) (*🕮 J12*)

Im Flusstal des Severn wird entlang der Ironbridge-Schlucht in zehn Museen an-

Lassen Sie sich verzaubern – auf einer Tour durch die Harry-Potter-Kulissen

schaulich Geschichte vermittelt. Überall können Kinder selbst Hand anlegen. Lustig ist INSIDER TIPP *Blists Hill*, eine viktorianische Stadt. Der Rundgang durch den Ort beginnt in der Lloyds Bank, in der Sie historische Münzen wie Farthings und Halfpennys bekommen. Mit diesen können Sie dann überall in Blists Hill zahlen. Nach der Mode des 17./18. Jhs. gekleidete Schauspieler arbeiten in den Werkstätten und sind für jedes Gespräch offen. *Tgl. 10–16 Uhr, Okt.–März Mo geschl. | Familienticket für alle Museen £ 68 | südl. von Telford (M 54, Abf. 4) | www.ironbridge.org.uk*

DER OSTEN

BEWILDERWOOD (142 B3) (*Q12*)

Englands erster Themenpark, der nach Prinzipien der Umweltfreundlichkeit und Nachhaltigkeit gebaut wurde. Luftbrücken über Nadelwäldern und dem Norfolker Marschland führen zu Baumhäusern. Attraktionen sind die „Kaputte Brücke" und das Balancieren in 7 m Höhe. Verschnaufen lässt es sich bei einer Bootsfahrt. *April–Sept. tgl. 10–17.30 Uhr, Feb./März, Okt. einzelne Tage | Familienticket £ 62 | Horning Road | A 1062 zwischen Wroxham, Hoveton und Horning | www.bewilderwood.co.uk*

PENSTHORPE WATERFOWL PARK (142 A2) (*P11*)

Im Wasserpark Pensthorpe im Tal des Flusses Wensum hat einer der europaweit größten Bestände von bedrohten exotischen Wasservögeln eine Heimat gefunden. Vom Observatorium aus lassen sich die gefiederten Parkbewohner beobachten. Für Kinder gibt es Spielplätze und Messingrubbeln. *März–Dez. tgl. 10–17, Jan./Feb. bis 16 Uhr | Familienticket £ 45,80 | Pensthorpe Waterfowl Trust | Fakenham (A 1067) | www.pensthorpe.com*

DER SÜDEN

CHESSINGTON WORLD OF ADVENTURE (136 B3) (*N16*)

Atemberaubende Fahrten stehen an der Spitze der Beliebtheitsskala in dem großen Erlebnispark: Zehn Themenländer bieten 40 Fahrattraktionen, dazu gibt es ein Sealife-Aquarium sowie einen Zoo. *Tgl. 10–18 Uhr | Familienpass £ 200 | Surrey | südl. von London (M 25 Abf. 9 oder 10) | www.chessington.com*

THE NEEDLES PARK (135 E6) (*L18*)

Größte Attraktion des Vergnügungsparks auf der Isle of Wight ist ein Sessellift entlang der Steilküste. Etwas altbacken, aber durch seine Lage einer der ungewöhnlichsten Parks Englands. *Tgl. 10–16 Uhr, im Sommer länger | Eintritt frei, Attraktionen kostenpflichtig | Alum Bay New Road | Alum Bay | www.theneedles.co.uk*

WARNER BROS. STUDIO TOUR (136 B2) (*N15*)

In diesen Studios entstanden die Harry-Potter-Filme, heute können die Originalkulissen auf einer Tour besichtigt werden – inklusive Great Hall, einem Modell von Hogwarts und unzähligen Requisiten. Auch Harrys *butterbeer* können Sie probieren. *Nur nach Voranmeldung im Internet tgl. 10–20 Uhr (teilweise bis 22 Uhr) | Familienticket £ 132 | Studio Tour Drive | Leavesden | www.wbstudiotour.co.uk*

WOOKEY HOLE CAVES (134 B3) (*J16*)

Englands wohl spektakulärste Höhlen wurden einst durch die Kraft des Flusses Axe geschaffen und waren lange vor unserer Zeitrechnung sogar bewohnt. Heute sind sie ein beliebtes Ausflugsziel für die ganze Familie – und Reifekammern für den Cheddarkäse. *Tgl. 10–17 Uhr | A 39 zwischen Wells und Cheddar | Familienpass £ 68 | www.wookey.co.uk*

EVENTS, FESTE & MEHR

EVENTS & NEWS

→ S. 2/3

Vermutlich gibt es kaum ein anderes Land, in dem so viele Feste und Events stattfinden wie in England. Besonders engagiert sind dabei die Organisationen English Heritage und National Trust, die in ihren Anwesen viele Feste organisieren *(www.artsfestivals.co.uk)*. Dazu kommen die typischen exzentrischen Veranstaltungen, bei denen z. B. Käse die Berge hinuntergerollt wird.

FESTE UND VERANSTALTUNGEN

MÄRZ/APRIL

Am letzten März- oder ersten Aprilsonntag treten die Rudercrews der Unis Oxford und Cambridge auf der Themse im Westen von London gegeneinander an. *www.theboatrace.org*

APRIL

Das „härteste Pferderennen der Welt", das ***Grand National*** über 7 km und 30 Hindernisse wird alljährlich in Aintree, einem Vorort von Liverpool, ausgetragen. *www.aintree.co.uk*

Harrogate Spring Flower Show (Ende April): das Schönste der englischen Gartenkunst (Mitte Sept. Herbstshow). *www.flowershow.org.uk*

MAI

In Coopers Hill (Gloucestershire) findet am letzten Montag im Mai das ***Käserollen*** statt. Ein acht Pfund schweres Käserad wird den Berg hinuntergerollt. 20 Wettkämpfer werfen sich ebenfalls den Berg hinunter. Wer als Erster stehend unten ankommt, gewinnt den Käse. *www.cheese-rolling.co.uk*

Bath International Music Festival: Folk, Jazz, Oper und klassische Musik. Eröffnet wird mit einem ● Gratiskonzert im Royal Victoria Park, Bath. *bathfestivals.org.uk*

JUNI

Grand Prix der Formel 1: In Silverstone bei Towcester findet der britische Grand Prix der Formel 1 statt, ein karnevalsähnliches Ereignis. *www.silverstone.co.uk*

Royal Ascot: Das wohl weltweit berühmteste Pferderennen und gesellschaftliches Highlight bei London. *www.ascot.co.uk*

Sonnenwendefest: Stonehenge ist in der Nacht vom 21. zum 22. Juni der Pilgerort für Esoteriker und Schaulustige. Sie alle wollen dabei sein, wenn die Sonne zwischen den historischen Steinen aufgeht. *www.english-heritage.org.uk/stonehenge*

Aldeburgh Festival: Moderne klassische Musik erfüllt im Geburtsort des Kom-

Sport, Musik und Karneval: skurrile Wettkämpfe, traditionsreiche Rennen, Musikfestivals und farbenfrohe Straßenfeste

ponisten Benjamin Britten jedes Jahr die Konzerthalle in einer alten Mälzerei. *www.snapemaltings.co.uk*

JULI

Henley Royal Regatta: Das Motto ist sehen und gesehen werden. Die Ruderwettkämpfe (1. Juliwoche, Henley-on-Thames) haben höchstes internationales Niveau und bieten ein buntes Rahmenprogramm. *www.hrr.co.uk*

AUGUST

Cowes Week: größter Segelevent vor der Isle of Wight in der ersten Augustwoche mit über 180-jähriger Tradition. *www.cowesweek.co.uk*

Notting Hill Carnival: zweitägiges Spektakel der Farben, Kostüme und Musik (London, letztes Augustwochenende). *www.thelondonnottinghillcarnival.com*

Liverpool International Music Festival: Beatles und mehr. Das Gratis-Musik-Festival findet in Sefton Park in Liverpool statt. *www.limfestival.com*

NOVEMBER

Guy Fawkes Night: Am 5. Nov. wird der misslungene Versuch, das Parlament in die Luft zu sprengen, mit Feuerwerk gefeiert. *www.lewesbonfirecouncil.org.uk*

FEIERTAGE

1. Jan.	*New Year's Day*
19. April 2019, 10. April 2020	*Good Friday* (Karfreitag)
22. April 2019, 13. April 2020	*Easter Monday* (Ostermontag)
23. April	*St. George's Day* (Nationalfeiertag, Werktag)
Erster und letzter Montag im Mai	*Bank Holiday*
Letzter Montag im Aug.	*Bank Holiday*
25. Dez.	*Christmas Day*
26. Dez.	*Boxing Day*

LINKS, BLOGS, APPS & CO.

LINKS & BLOGS

www.marcopolo.de/england Ihr Online-Reiseführer mit allen wichtigen Informationen, Highlights und Tipps, interaktivem Routenplaner, spannenden News und Reportagen sowie inspirierenden Fotogalerien

www.traveline.info Alle Fahrpläne der britischen Nahverkehrsverbände. Eine Suchfunktion ermöglicht die gezielte Suche nach Verkehrsverbindungen, inklusive Abfahrtszeiten und Stadtplänen

www.royal.gov.uk Der Auftritt des Königshauses im Internet. Zu sehen sind u. a. Hintergrundinformationen, Fotos sowie Öffnungszeiten der Paläste

www.supperclubfangroup.ning.com Zu Gast bei den geheimen Köchen des Lands: *Supper clubs* sind ein neuer Trend, vor allem in London. Hier isst man meist bei Privatleuten, die ihre Kochevents vorab im Internet bekannt geben

short.travel/eng15 Eine gute Anlaufstelle vor einer Englandreise. Hier können konkrete Fragen zu Land und Leuten gestellt werden, die Community antwortet

www.theenglishkitchen.blogspot.de Bloggerin Marie bricht eine Lanze für die englische Küche und stellt regelmäßig leckere, schön bebilderte Rezepte ins Netz

www.londonist.com Ein London-Blog, aus dem ein umfangreiches Portal über die britische Hauptstadt gewachsen ist

maricopa1.wordpress.com Englandfan Ingo bloggt regelmäßig über alles, was seine Lieblingsinsel betrifft – von englischen Traditionen über Spukorte bis zu Musikvideos

short.travel/eng13 Twitter-Account mit Tausenden von Links und Tipps zu England

www.opentable.co.uk Unverzichtbar vor allem an Wochenenden in Großstädten: Auf dieser Website können

Egal, ob für Ihre Reisevorbereitung oder vor Ort: Diese Adressen bereichern Ihren Urlaub. Da manche sehr lang sind, führt Sie der short.travel-Code direkt auf die beschriebenen Websites. Falls bei der Eingabe der Codes eine Fehlermeldung erscheint, könnte das an Ihren Einstellungen zum anonymen Surfen liegen

Sie online in zig Restaurants einen Tisch reservieren

www.mystisches-england.de Kultstätten, Kornkreise, Spukschlösser – auf dieser Website finden Sie nicht nur mystische und mysteriöse Orte in England, sondern auch englische Sagen und Legenden und jede Menge handfeste Reisetipps für die Insel

VIDEOS & MUSIK

short.travel/eng11 Als deutsche Urlauber in England werden Sie früher oder später darauf angesprochen werden: auf das Wembley-Tor von 1966. Anschauen und mitreden!

short.travel/eng12 Pflichtprogramm für jeden Engländer: Im September endet die jährliche Londoner Konzertreihe BBC Proms mit der Last Night of the Proms, einem etwas anderen klassischen Konzert mit Flaggen, Trillerpfeifen und Kostümen im Publikum

short.travel/eng7 Das traditionelle Bootsrennen der Unis: Einmal jährlich treten Ruderteams der Universitäten Oxford und Cambridge gegeneinander an. Auf ihrer Internetseite sind Videos der Rennen der vergangenen Jahre gesammelt

APPS

Trainline Unverzichtbar für alle Zugreisenden in England. Die Trainline-Gratis-App bietet einen landesweiten Fahrplan sowie die Möglichkeit, bis zu zehn Minuten vor Abfahrt online Tickets zu kaufen

TubeMap Das Londoner U-Bahn-Netz als Gratis-App für Smartphones. Mit Abfahrtszeiten, in Teilen auch offline nutzbar, sowie der Möglichkeit, sich die schnellste Route von A nach B suchen zu lassen

National Express Auf vielen Strecken ist in England der Fernbus das Verkehrsmittel der Wahl – in dieser App können Sie Verbindungen des landesweiten Anbieters National Express durchstöbern und zum Teil vergünstigt buchen

Days Out Die Denkmalschutzbehörde English Heritage hat in dieser App all ihre Burgen, Häuser und Sehenswürdigkeiten vereint. Eine Suchfunktion listet die nächstgelegenen Attraktionen inklusive Öffnungszeiten auf. Eine ähnliche App gibt es auch für alle Anwesen des National Trust

PRAKTISCHE HINWEISE

ANREISE

Der Eurotunnel ist die direkte Verbindung zwischen Calais und Folkestone (Fahrtdauer 35 Min.). Tickets können Sie vorab bestellen *(Tel. 0180 5 00 02 48 | pro Auto ab £ 100, £ 70 für Nachtfahrten | www.eurotunnel.com)* oder in den Terminals kaufen.

Die wichtigsten Fährverbindungen: Calais–Dover (1,5 Std.), *www.poferries.com, www.dfdsseaways.de;* Rotterdam/Zeebrugge–Hull (über Nacht), *www.poferries.com;* Hoek van Holland–Harwich (6,5 Std.), *www.stenaline.com;* Dünkirchen–Dover (2 Std.), Amsterdam (IJmuiden)–Newcastle (über Nacht), *www.dfdsseaways.de.* Je früher Sie buchen, desto billiger ist es in der Regel. Tickets, bei denen die Rückreise innerhalb von fünf Tagen angetreten werden muss, sind am günstigsten (ab ca. 90 Euro für ein Auto/2 Pers., bei längeren Aufenthalten ab ca. 150 Euro Hin- und Rückreise).

Der *Eurostar* fährt von Brüssel, Amsterdam und von Paris nach London-St. Pancras (Fahrzeit Köln–London über Brüssel 4 Std. 40 Min.). Reservierung: *www.eurostar.com* oder Verkaufsstellen der Deutschen Bahn. Brüssel–London (Fahrzeit 2 Std.): ab 100 Euro für Hin- und Rückfahrt. Die *Deutsche Bahn* bietet einen INSIDER TIPP **Großbritannien-Sparpreis** (ab 59,90 Euro je Strecke), bei dem auch die Fahrt von jedem deutschen Bahnhof nach Brüssel und weiter nach London enthalten ist.

Von den meisten deutschen Airports aus gibt es Verbindungen nach London, auch viele Billigflieger haben das Ziel im Angebot. Die Flugzeit beträgt nur rund eine Stunde. Flüge gibt es mitunter bereits ab 30 Euro. Weitere große Flughäfen sind Birmingham (Mitte), Manchester und Liverpool (für den Norden) sowie Bristol, Exeter und Southampton (für den Süden). Hier fliegen meist kleinere Maschinen, sodass die Flugzeit bis zu zwei Stunden beträgt.

Von mehreren deutschen Städten aus gibt es Fernbusverbindungen nach England – in erster Linie mit *Eurolines (www.eurolines.de),* Flixbus *(www.flixbus.de)* sowie vereinzelt auch *Megabus (uk.megabus.com).* Die Fahrt dauert je nach Startpunkt zwischen neun und 20 Stunden und kostet ab 35 Euro.

GRÜN & FAIR REISEN

Auf Reisen können auch Sie viel bewirken. Behalten Sie nicht nur die CO_2-Bilanz für Hin- und Rückreise im Hinterkopf *(www.atmosfair.de; de.myclimate.org)* – etwa indem Sie Ihre Route umweltgerecht planen *(www.routerank.com)* – , sondern achten Sie auch Natur und Kultur im Reiseland *(www.gate-tourismus.de).* Gerade als Tourist ist es wichtig, auf Aspekte wie Naturschutz *(www.nabu.de; www.wwf.de)*, regionale Produkte, wenig Autofahren, Wassersparen und vieles mehr zu achten. Wenn Sie mehr über ökologischen Tourismus erfahren wollen: europaweit *www.oete.de*; weltweit *www.germanwatch.org*

Von Anreise bis Zoll

Urlaub von Anfang bis Ende: die wichtigsten Adressen und Informationen für Ihre England-Reise

AUSKUNFT

VISITBRITAIN

Aus Deutschland: *www.visitbritain.de*
Aus Österreich: *www.visitbritain.at*
Aus der Schweiz: *www.visitbritain.ch*
Nützlich für die Urlaubsplanung ist auch *www.visitengland.de.* Onlineshop, in dem Sie z. B. Pässe für Verkehrsmittel und Sehenswürdigkeiten bestellen können: *www.visitbritaindirect.com.*

AUTO

Gewöhnungsbedürftig ist für viele der Linksverkehr. Es gibt keine allgemein gültige Vorfahrtsregel, an Kreuzungen ist die Vorfahrt fast immer markiert. Höchstgeschwindigkeit in Ortschaften 30 Meilen (48 km/h), auf Landstraßen 60 Meilen (97 km/h), auf Autobahnen 70 Meilen (113 km/h). Pannenhilfe durch *AA Automobile Association (Tel. 0800 88 77 6), RAC Royal Automobile Club (Tel. 0800 82 82 82 | für Mitglieder ausländischer Partnerclubs i. d. R. kostenlos)* oder über die *Highway Agency (Tel. 0300 123 50 00).*

Doppelte gelbe oder rote Linien am Straßenrand bedeuten absolutes Halteverbot, eine einzelne gelbe Linie eingeschränktes Halteverbot (Schilder beachten!). Achtung: Falls Sie gern schnell fahren, tun Sie es nicht in England! Es gibt viele Blitzer, immer öfter wird die Durchschnittsgeschwindigkeit per Kamera überwacht, vor allem auf Autobahnen. Das Bußgeld ist deutlich höher als in Deutschland, oft beträgt es das Zehnfache.

In London gilt eine Innenstadtmaut für PKW/LKW *(Mo–Fr 7–18 Uhr)* sowie eine Umweltmaut für schwere LKW, Busse und Wohnwagen *(rund um die Uhr).* Beides muss vorab über das Internet bezahlt werden *(www.tfl.gov.uk/fares-and-payments/).* Auch die Dartford Crossing der M 25 kostet Maut.

CAMPING

Wildes Campen ist nicht erlaubt. Infos zu den lokalen Plätzen bei den Touristenämtern und beim weltältesten Campingclub *Camping & Caravanning Club (Tel. 024 76 47 55 42 | www.campingandcaravanningclub.co.uk)* und bei der *Forestry Commission (Tel. 0300 0 67 43 21 | www.forestholidays.co.uk).*

DIPLOMATISCHE VERTRETUNGEN

BOTSCHAFT DER BUNDESREPUBLIK DEUTSCHLAND

23 Belgrave Square | London SW1 | Tel. 020 78 24 13 00 | www.london.diplo.de

BOTSCHAFT DER REPUBLIK ÖSTERREICH

18 Belgrave Mews West | London SW1 | Tel. 020 73 44 32 50

SCHWEIZER BOTSCHAFT

16 Montagu Place | London W1 | Tel. 020 76 16 00 00

EINREISE

Zumindest solange Großbritannien noch Mitglied der EU ist, benötigen EU-Bürger und Schweizer zur Einreise lediglich einen gültigen Personalausweis oder Reisepass.

EINTRITT

In Museen, Ausstellungen, Kirchen wird oft ein hohes Eintrittsgeld verlangt. Familienkarten reduzieren den Preis. Rund 50 staatliche Topmuseen und Galerien im Vereinigten Königreich gewähren freien Eintritt *(www.nationalmuseums.org.uk/free-admission)*. Hat man vor, mehrere historische Stätten zu besuchen, lohnt sich der *Overseas Pass (ab £ 36)* der Denkmalschutzbehörde *English Heritage (www.english-heritage.org.uk)*, der neun oder 16 Tage kostenlosen Zugang zu mehr als 100 Sehenswürdigkeiten ermöglicht. Der *National Trust (www.nationaltrust.org.uk)* bietet einen ähnlichen Pass *(ab £ 30)* an. Eine INSIDER TIPP Jahresmitgliedschaft kann sich aufgrund der damit gewährten Rabatte auch schon bei wenigen Besuchen lohnen.

GELD & KREDITKARTEN

Die Währungseinheit in England ist das Pfund Sterling (£), bestehend aus 100 Pence (p). Es gibt Scheine zu 5, 10, 20 und 50 Pfund sowie Münzen zu 1, 2, 5, 10, 20, 50 Pence sowie zu 1 und 2 Pfund. Nicht nur die Bank of England gibt Banknoten aus, sondern auch mehrere Banken in Schottland und Nordirland. Die meisten Geschäfte akzeptieren auch diese. Achtung: Nach und nach werden die englischen Banknoten erneuert. Bereits jetzt sind die neuen 5- und 10-Pfund-Noten in Umlauf, die alten sind nicht mehr gültig und können nur noch in Banken eingetauscht werden. Gleiches gilt für die 1-Pfund-Münze, die 2017 die bisherige ersetzt hat.

Banken öffnen meist Mo–Fr 9.30–15.30 Uhr, vereinzelt auch Samstagvormittag. Mit der EC-Karte bekommen Sie an Geldautomaten englische Pfund. Kunden der Deutschen Bank können an allen Barclays-Automaten gebührenfrei Pfund abheben, Gleiches bieten mehrere Onlinebanken für alle Visa-Geldautomaten an. Die Kreditkarte ist im Alltag gängigstes Zahlungsmittel, vor allem die Kontaktlosfunktion – damit können Sie sogar die Londoner U-Bahn nutzen. INSIDER TIPP Die Wechselstuben der Kaufhauskette *Marks & Spencer* tauschen Bargeld ohne Gebühren.

GESUNDHEIT

In den Zentren des Nationalen Gesundheitssystems (NHS) und bei den allgemeinen Ärzten (GP) werden EU-Bürger unter Vorlage einer europäischen Krankenversicherungskarte (EHIC) kostenfrei behandelt. Die Apotheken *(pharmacy)*, meist innerhalb von Drogerien, haben während der üblichen Geschäftszeiten geöffnet. Standardmedikamente wie Schmerzmittel gibt es auch in Supermärkten, die teilweise 24 Stunden geöffnet haben.

INTERNETZUGANG

WLAN (WiFi) ist fast überall kostenlos – Hotspots finden Sie in Hotels, Restaurants, Coffeeshops und sogar in Supermärkten und Einkaufszentren. Viele sind Teil des landesweit größten WLAN-Netzwerks *The Cloud (www.skywifi.cloud)*, bei dem man INSIDER TIPP nach Anmeldung kostenfrei surfen kann. Auch die wichtigsten Telefonanbieter unterhalten im ganzen Land eigene Hotspots.

KLIMA & REISEZEIT

Das englische Wetter ist nicht so schlecht wie sein Ruf. Natürlich regnet es aufgrund der Insellage immer wieder, es kann sich aber auch schnell wieder ändern. Schönste Reisezeiten sind der

Frühling sowie der Sommer (Sonnenschutz nicht vergessen!). Man sollte auf alles vorbereitet sein, d. h. Regenschirm und Mantel, warmer Pullover auch im Sommer. Info: *www.bbc.co.uk/weather*

MASSE & GEWICHTE

Bis auf Meile und Pint sind die spezifisch englischen Maße offiziell abgeschafft worden. Im Sprachgebrauch halten sie sich aber noch.

1 inch = 2,54 cm
1 foot = 12 inches = 30,48 cm
1 yard = 3 feet = 91,4 cm
1 gallon = 4,56 l
1 mile = 1,61 km
1 pint = 0,57 l
1 ounce = 28,35 g
1 pound = 16 ounces = 453,6 g

MIETWAGEN

Die bekannten internationalen Mietwagenfirmen sind in England, auch an den Flughäfen, gut vertreten. Es ist so gut wie immer günstiger, einen Wagen bereits vor der Abreise von Deutschland aus zu reservieren. ADAC-Mitglieder sparen bei der Buchung über die ADAC-Website bei vielen großen Anbietern.

NOTRUF

Polizei, Feuerwehr und Ambulanz: 999 und 112.

ÖFFENTLICHE VERKEHRSMITTEL

Mit den Bussen von *National Express* erreichen Sie jede Ecke des Lands. Busfahren ist günstig, vor allem wenn Sie *day returns* kaufen oder sieben Tage im Voraus buchen *(zentrale Busstation London | Victoria Coach Station | 164 Buckingham Palace Road). Skimmer-Pässe* für das gesamte Netz mit einer Dauer von mindestens sieben, 14 oder 28 Tagen sowie Ermäßigungen mit der *Coachcard* für Reisende unter 27 und für über 50-Jährige. *Tel. Auskunft und Buchung: National Express 0871 7818181 | www.nationalexpress.com.* Auf Hauptstrecken fährt man sehr preiswert mit *Megabus (www.megabus.com).*

Das Bahnnetz ist dicht, die Preise ähnlich hoch wie in Deutschland. Indem Sie rechtzeitig buchen oder erst nach 9.30 Uhr fahren, wird es günstiger. Es ist empfehlenswert, einen *Brit-Rail-Pass (Gültigkeitsdauer 2–22 Tage, www.visitbritaindirect.com)* bereits außerhalb Großbritanniens zu kaufen. Günstige Tickets gibt es unter *www.thetrainline.com.* Fahrplanauskunft: *www.traveline.org.uk.*

WÄHRUNGSRECHNER

€	GBP	GBP	€
1	0,88	1	1,13
3	2,64	3	3,40
5	4,40	5	5,67
7	6,16	15	17,01
20	17,60	25	28,36
25	37,48	40	45,38
60	52,80	90	102,11
75	66,00	200	226,91
150	132,00	500	567,29

ÖFFNUNGSZEITEN

Die Geschäfte sind gewöhnlich Mo–Sa 9.30–17.30 Uhr geöffnet, in den Haupteinkaufsstraßen sowie Einkaufszentren oft bis 20 Uhr oder später und So ab ca. 11 Uhr. Manche Großsupermärkte öffnen wochentags rund um die Uhr, sonntags fünf Stunden.

POST

Postämter, sofern sie nicht in Schreibwaren- oder Lebensmittelläden integriert sind, haben Mo–Sa 9–17.30 Uhr geöffnet. Für Postkarten/Briefe bis 20 g nach Europa brauchen Sie einen Air-Mail-Aufkleber und eine blaue Europe-Marke (£ 1,17).

STROM

Die Netzspannung beträgt 240 Volt. Sie benötigen einen dreipoligen Adapter, den Sie meist im Hotel erhalten.

TAXI

Die Fahrt in den berühmten schwarzen Cabs ist teurer als mit deutschen Taxis. Minitaxis sind günstiger, können aber nur telefonisch oder per Smartphone-App „Cabwise" bestellt werden. Die Adresse mit Postcode sollten Sie parat haben. In London zahlt man je nach Tageszeit, Strecke und Dauer sehr unterschiedliche Preise ab £ 5,60 pro Meile. 10 Prozent Trinkgeld sind üblich.

TELEFON & HANDY

Es gibt sie noch, die typischen roten Telefonzellen. Hierfür brauchen Sie Münzen (20 p, 50 p, £ 1) oder eine Kreditkarte. Mindestgebühr 30 p für Inlands-, £ 1,20 für Auslandgespräche.
Handys *(mobile phones)* funktionieren fast überall. Führende Mobilfunknetze sind Vodafone, Three, EE und O_2. Wer länger vor Ort ist und sein Smartphone für Daten nutzen will, ist trotz EU-Roaming-Regelung mit einer britischen Prepaid-SIM-Karte gut beraten *(pay as you go)* – günstig u. a. bei Virgin Mobile oder der Supermarktkette Tesco.
Internationale Auskunft: 118505, nationale Auskunft: 118500, bei Schwierigkeiten hilft der Operator: 100. Vorwahl

WETTER IN LONDON

	Jan.	Feb.	März	April	Mai	Juni	Juli	Aug.	Sept.	Okt.	Nov.	Dez.
Tagestemperaturen in °C	6	7	10	13	17	20	22	21	19	14	10	7
Nachttemperaturen in °C	2	2	3	5	8	11	13	13	11	8	5	3
☀	2	2	4	6	7	7	7	6	5	3	2	1
☂	11	9	8	8	8	8	9	9	9	9	10	9

☀ Sonnenschein Stunden/Tag ☂ Niederschlag Tage/Monat

nach Deutschland: 0049, Österreich: 0043, Schweiz: 0041. Vorwahl nach England 0044.

TRINKGELD

Generell wie in Deutschland und vielen Ländern nach Belieben ca. 10 Prozent. In Touristenhochburgen wie London schlagen Restaurants mitunter selbst eine sogenannte *service charge* zwischen 10 und 15 Prozent auf den Rechnungsbetrag auf. In Pubs wird kein Trinkgeld gegeben, wenn man sich (wie üblich) sein Getränk selbst am Tresen holt und dort bezahlt.

UNTERKUNFT

Bed & Breakfast: Im Tourist Information Centre vor Ort zu buchen oder über *www.visitbritain.de, www.theaa.com* (Travel). *Ferienwohnungen:* große Auswahl an herrlich gelegenen Häusern *(z. B. über Hoseasons | Tel. 01502 50 25 88 | www.hoseasons.co.uk)*. Der *National Trust (PO Box 536 | Melksham | Wiltshire | SN128 SX | Tel. 0344 3 35 12 87 | www.nationaltrustcottages.co.uk)* vermietet historische Häuser, der *Landmark Trust (Shottesbrooke | Maidenhead | Berkshire | SL63SW | Tel. 01628 82 59 25 | www.landmarktrust.org.uk)* denkmalgeschützte Häuser, ebenso *English Heritage (Tel. 0370 3 33 11 87 | www.english-heritage.org.uk)*. Wohnen im Schloss bietet *Hideaways (Tel. 01747 82 81 70 | www.hideaways.co.uk)*. Ein Zusammenschluss kleiner Pub-Lodges nennt sich *Old English Inns (www.oldenglishinns.co.uk)*. *Jugendherbergen (Youth Hostels; YHA | Trevelyan House | Matlock | Derbyshire | DE43YH | Tel. 01629 59 27 00 | www.yha.org.uk)* beherbergen Gäste jeden Alters. Die Unis vermieten während der Semesterferien Zimmer: *www.universityrooms.co.uk*. Ungewöhnlich, aber möglich: in einer INSIDER TIPP Kirche übernachten. Auf *Champing (www.champing.co.uk)* finden Sie rund 30 Kirchen, die von April bis Sept. mehr oder weniger komfortablen Unterschlupf bieten.

Hotels werden immer günstiger und besser, vor allem Billiganbieter: Ketten wie *Travelodge (www.traveloge.co.uk)* und *Premier Inn (www.premierinn.co.uk)* sind meist einfach, aber sauber und günstig.

WAS KOSTET WIE VIEL?

Tee	ca. 3,50 Euro *für ein Kännchen Tee*
Taxi	ca. 7 Euro *pro gefahrene Meile (1,6 km) in der Stadt*
Bier	ca. 4 Euro *für ein Pint*
Eintritt	ca. 14 Euro *für ein Ticket für einen Herrensitz*
Benzin	ca. 1,65 Euro *für einen Liter*
Fish & Chips	ca. 7 Euro *für eine Portion*

ZEIT

In England gilt die Greenwich Mean Time (GMT), d. h. MEZ minus eine Stunde. Die Sommerzeit beginnt und endet wie im Rest Europas.

ZOLL

Waren für den persönlichen Bedarf sind bei der Ein- und Ausreise innerhalb der EU frei: 800 Zigaretten, 10 l Spirituosen, 60 l Schaumwein, 110 l Bier. Für Schweizer Bürger (ab 17 Jahren) gelten striktere Beschränkungen: 250 Zigaretten, 5 l Wein, 1 l Spirituosen. *www.zoll.de, www.visitbritain.de*

SPRACHFÜHRER ENGLISCH

AUSSPRACHE

Zur Erleichterung der Aussprache sind alle englischen Wörter mit einer einfachen Aussprache (in eckigen Klammern) versehen. Folgende Zeichen sind Sonderzeichen:

θ hartes [s] (gesprochen mit Zungenspitze an der oberen Zahnreihe, zischend)
D weiches [s] (gesprochen mit Zungenspitze an der oberen Zahnreihe, summend)
' nachfolgende Silbe wird betont
ə angedeutetes [e] (wie in „Bitte")

AUF EINEN BLICK

ja/nein/vielleicht	yes [jäs]/no [nəu]/maybe [mäibi]
bitte/danke	please [plihs]/thank you [θänkju]
Entschuldige!	Sorry! [Sori]
Entschuldigen Sie!	Excuse me! [Iks'kjuhs mi]
Darf ich ...?	May I ...? [mäi ai ...?]
Wie bitte?	Pardon? ['pahdn?]
Ich möchte .../Haben Sie ...?	I would like to ...[ai wudd 'laik tə ...]/ Have you got ...? ['Həw ju got ...?]
Wie viel kostet ...?	How much is ...? ['hau matsch is ...]
Das gefällt mir (nicht).	I (don't) like this. [Ai (dəunt) laik Dis]
gut/schlecht	good [gud]/bad [bäd]
offen/geschlossen	open ['oupän]/closed ['klousd]
kaputt/funktioniert nicht	broken ['brəukən]/doesn't work ['dasənd wörk]
Hilfe!/Achtung!/Vorsicht!	Help! [hälp]/Attention! [ə'tänschən]/Caution! ['koschən]

BEGRÜSSUNG & ABSCHIED

Guten Morgen!/Tag!	Good morning! [gud 'mohning]/ afternoon! [aftə'nuhn]
Gute(n) Abend!/Nacht!	Good evening! [gud 'ihwning]/night! [nait]
Hallo!/Auf Wiedersehen!	Hello! [hə'ləu]/Goodbye! [gud'bai]
Tschüss!	Bye! [bai]
Ich heiße ...	My name is ... [mai näim is ...]
Wie heißen Sie/heißt du?	What's your name? [wots jur näim?]
Ich komme aus ...	I'm from ... [Aim from ...]

Do you speak English?

„Sprichst du Englisch?" Dieser Sprachführer hilft Ihnen, die wichtigsten Wörter und Sätze auf Englisch zu sagen

DATUMS- & ZEITANGABEN

Montag/Dienstag	monday ['mandäi]/tuesday ['tjuhsdäi]
Mittwoch/Donnerstag	wednesday ['wänsdäi]/thursday ['θöhsdäi]
Freitag/Samstag	friday ['fraidäi]/saturday ['sätərdäi]
Sonntag/Werktag	sunday ['sandäi]/weekday ['wihkdäi]
Feiertag	holiday ['holidäi]
heute/morgen/gestern	today [tə'däi]/tomorrow [tə'morəu]/yesterday ['jästədäi]
Stunde/Minute	hour ['auər]/minutes ['minəts]
Tag/Nacht/Woche	day [däi]/night [nait]/week [wihk]
Monat/Jahr	month [manθ]/year [jiər]
Wie viel Uhr ist es?	What time is it? [wot 'taim is it?]
Es ist drei Uhr.	It's three o'clock. [its θrih əklok]

UNTERWEGS

links/rechts	left [läft]/right [rait]
geradeaus/zurück	straight ahead [streit ə'hät]/back [bäk]
nah/weit	near [niə]/far [fahr]
Eingang/Einfahrt	entrance ['äntrənts]/driveway ['draifwäi]
Ausgang/Ausfahrt	exit [ägsit]/exit [ägsit]
Abfahrt/Abflug/Ankunft	departure [dih'pahtschə]/departure [dih'pahtschə]/ arrival [ə'raiwəl]
Darf ich Sie fotografieren?	May I take a picture of you? [mäi ai täik ə 'piktscha of ju?]
Wo ist ...?/Wo sind ...?	Where is ...? ['weə is...?]/Where are ...? ['weə ahr ...?]
Toiletten/Damen/Herren	toilets ['toilət] (auch: restrooms [restruhms])/ladies ['läidihs]/gentlemen ['dschäntlmən]
Bus/Straßenbahn	bus [bas]/tram [träm]
U-Bahn/Taxi	underground ['andəgraunt]/taxi ['tägsi]
Parkplatz/Parkhaus	parking place ['pahking pläis]/car park ['kahr pahk]
Stadtplan/(Land-)Karte	street map [striht mäp]/map [mäp]
Bahnhof/Hafen	(train) station [(träin) stäischən]/harbour [hahbə]
Flughafen	airport ['eəpohrt]
Fahrplan/Fahrschein	schedule ['skädjuhl]/ticket ['tikət]
Zug/Gleis	train [träin]/platform [plätform]
einfach/hin und zurück	single ['singəl]/return [ri'törn]
Ich möchte ... mieten.	I would like to rent ... [Ai wud laik tə ränt ...]
ein Auto/ein Fahrrad	a car [ə kahr]/a bicycle [ə 'baisikl]
Tankstelle	petrol station ['pätrol stäischən]
Benzin/Diesel	petrol ['pätrəl]/diesel ['dihsəl]
Panne/Werkstatt	breakdown [bräikdaun]/garage ['gärasch]

ESSEN & TRINKEN

Reservieren Sie uns bitte für heute Abend einen Tisch für vier Personen.	Could you please book a table for tonight for four? [kudd juh 'plihs buck ə 'täibəl for tunait for fohr?]
Die Speisekarte, bitte.	The menue, please. [Də 'mänjuh plihs]
Könnte ich bitte ... haben?	May I have ...? [mäi ai häw ...?]
Messer/Gabel/Löffel	knife [naif]/fork [fohrk]/spoon [spuhn]
Salz/Pfeffer/Zucker	salt [sohlt]/pepper ['päppə]/sugar ['schuggə]
Essig/Öl	vinegar ['viniga]/oil [oil]
Milch/Sahne/Zitrone	milk [milk]/cream [krihm]/lemon ['lämən]
mit/ohne Eis/Kohlensäure	with [wiD]/without ice [wiD'aut ais]/gas [gäs]
Vegetarier(in)/Allergie	vegetarian [wätschə'tärian]/allergy ['ällədschi]
Ich möchte zahlen, bitte.	May I have the bill, please? [mäi ai häw De bill plihs]
Rechnung/Quittung	invoice ['inwois]/receipt [ri'ssiht]

EINKAUFEN

Wo finde ich ...?	Where can I find ...? [weə kän ai faind ...?]
Ich möchte .../Ich suche ...	I would like to ... [ai wudd laik tu]/I'm looking for ... [aim luckin foə]
Brennen Sie Fotos auf CD?	Do you burn photos on CD? [Du ju börn 'fəutəus on cidi?]
Apotheke/Drogerie	pharmacy ['farməssi]/chemist ['kemist]
Bäckerei/Markt	bakery ['bäikəri]/market ['mahkit]
Lebensmittelgeschäft	grocery ['grəuscheri]
Supermarkt	supermarket ['sjupəmahkət]
100 Gramm/1 Kilo	100 gram [won 'handrəd gräm]/1 kilo [won kiləu]
teuer/billig/Preis	expensive [iks'pänsif]/cheap [tschihp]/price [prais]
mehr/weniger	more [mor]/less [läss]
aus biologischem Anbau	organic [or'gännik]

ÜBERNACHTEN

Ich habe ein Zimmer reserviert.	I have booked a room. [ai häw buckt ə ruhm]
Haben Sie noch ...?	Do you have any ... left? [du ju häf änni ... läft?]
Einzelzimmer	single room ['singəl ruhm]
Doppelzimmer	double room ['dabbəl ruhm] (Bei zwei Einzelbetten: twin room ['twinn ruhm])
Frühstück/Halbpension	breakfast ['bräckfəst]/half-board ['hahf boəd]
Vollpension	full-board [full boəd]
Dusche/Bad	shower ['schauər]/bath [bahθ]
Balkon/Terrasse	balcony ['bälkəni]/terrace ['tärräs]
Schlüssel/Zimmerkarte	key [ki]/room card ['ruhm kahd]
Gepäck/Koffer/Tasche	luggage ['laggətsch]/suitcase ['sjutkäis]/bag [bäg]

BANKEN & GELD

Bank/Geldautomat	bank [bänk]/ATM [äi ti äm]/cash machine ['käschməschin]
Geheimzahl	pin [pin]
Ich möchte ... Euro wechseln.	I'd like to change ... Euro. [aid laik tu tschäindsch ... iuhro]
bar/ec-Karte/Kreditkarte	cash [käsch]/ATM card [äi ti äm kahrd]/credit card [krädit kahrd]
Banknote/Münze	note [nout]/coin [koin]
Wechselgeld	change [tschäindsch]

TELEKOMMUNIKATION & MEDIEN

Ich suche eine Prepaid-karte.	I'm looking for a prepaid card. [aim 'lucking fohr ə 'pripäid kahd]
Wo finde ich einen Internetzugang?	Where can I find internet access? [wär känn ai faind 'internet 'äkzäss?]
Brauche ich eine spezielle Vorwahl?	Do I need a special area code? [du ai nihd ə 'späschəl 'äria koud?]
Computer/Batterie/Akku	computer [komp'jutə]/battery ['bättəri]/recharge-able battery [ri'tschahdschəbəl 'bättəri]
At-Zeichen („Klammeraffe")	at symbol [ät 'simbəl]
Internetanschluss/WLAN	internet connection ['internet kə'näktschən]/Wifi [waifai] (auch: Wireless LAN ['waərläss lan])
E-Mail/Datei/ausdrucken	email ['imäil]/file [fail]/print [print]

ZAHLEN

0	zero ['sirou]	18	eighteen [äi'tihn]
1	one [wan]	19	nineteen [nain'tihn]
2	two [tuh]	20	twenty ['twänti]
3	three [θri]	21	twenty-one ['twänti 'wan]
4	four [fohr]	30	thirty [θör'ti]
5	five [faiw]	40	fourty [fohr'ti]
6	six [siks]	50	fifty [fif'ti]
7	seven ['säwən]	60	sixty [siks'ti]
8	eight [äit]	70	seventy ['säwənti]
9	nine [nain]	80	eighty ['äiti]
10	ten [tän]	90	ninety ['nainti]
11	eleven [i'läwn]	100	(one) hundred [('wan) 'handrəd]
12	twelve [twälw]	200	two hundred ['tuh 'handrəd]
13	thirteen [θör'tihn]	1000	(one) thousand [('wan) θausənd]
14	fourteen [fohr'tihn]	2000	two thousand ['tuh θausənd]
15	fifteen [fif'tihn]	10000	ten thousand ['tän θausənd]
16	sixteen [siks'tihn]	1/2	a/one half [ə/wan 'hahf]
17	seventeen ['säwəntihn]	1/4	a/one quarter [ə/wan 'kwohtə]

REISEATLAS

Verlauf der Erlebnistour „Perfekt im Überblick"
Verlauf der Erlebnistouren

Der Gesamtverlauf aller Touren ist auch in der herausnehmbaren Faltkarte eingetragen

 Bild: Snowshill, Cotswolds

Unterwegs in England

Die Seiteneinteilung für den Reiseatlas finden Sie auf dem hinteren Umschlag dieses Reiseführers

A
B
C
1
2
3
4
5
6
Celtic Se
ATLANTIC
OCEAN
Lundy
142
Hartland P
Elm
Morwenstow
Bude
Bude
Bay
Cambeak Point
Boscastle
King Arthur's Castle
Tintagel
308
Davidst
Cornwall Coast
Camelford
Port Isaac
420
Bodmin Moor
Padstow Bay
Polzeath
Saint Kew Highway
Padstow
Rock
Wadebridge
Colliford Lake Res.
Bodmin
Lanhydrock House
Restormel Castle
Lostwithiel
Bedruthan Steps
St. Columb Major
Lanivet
216
Watergate Bay
Newquay
St. Columb Minor
Fraddon
Blackmoor
209
Saint Blazey
Fowey
Par
St. Austell
Mitchell
149
Perranporth
Saint Agnes
Rosemullion
Probus
Grampound
Mevagissey
St Austell Bay
Trewithen House
Tregony
Cornwall Coast
Portreath
Truro
Camborne
Redruth
Portloe
Dodman Point
Trelissick
Stithians
252
Penryn
Saint Mawes
Leedstown
Edgcumbe
Falmouth
Falmouth Bay
Cornwall Mining Landscape
Marazion
194
Breage
Helston
Glendurgan Garden
Gweek
Porthleven
Cury Cross
Saint Keverne
Manacle Point
Lizard Peninsula
Mullion
112
Coverack
Black Head
Mullion Cove
3083
Lizard Point
Mount's Bay
St Michael's Mount
Mousehole
St Ives Bay
Saint Ives
Zennor
Carbis Bay
Hayle
Chysauster
Morvah
Chun Castle
252
Botallack Mine
Penzance
Cape Cornwall
St Just
Sennen
Land's End
Treen
Logan Rock
Isles of Scilly
Seven Stones
Cromwell's Castle
St Martin's
Bryher
Tresco Abbey
Tresco
Hugh Town
51
St Mary's
Penzance
Isles of Scilly
St Agnes
39
389
392
30
391
390
394
35
23
15

D
E
F
Bristol Channel
North Devon Coast
Valley of the Rocks
Woody Bay
Foreland Point
Lynton
Lynmouth
Minehead
Ilfracombe
Combe Martin
Watersmeet House
Mortehoe
Morte Point
Woolacombe
Paracombe
Patchole
Challacombe
Exmoor
Exmoor Forest
Dunkery Hill
Porlock
Blue Anchor
Dunster
Washford
Simonsbath
Wheddon Cross
Exford
Croyde
Baggy Point
Marwood
Braunton
Saunton
Brayford
Brendon Hills
National Park
Wimbleball Lake
Barnstaple
Barnstaple or Bideford Bay
Instow
Appledore
Northam
Bideford
Chapelton
Dulverton
Upton
Oldways End
Hartland
Clovelly
Fairy Cross
Umberleigh
South Molton
Bampton
Woolfardisworthy
Monkleigh
Great Torrington
Meshaw
Rackenford
Stibb Cross
Beaford
Chulmleigh
Witheridge
Withleigh
Halberton
South West England
Bradworthy
Kilkhampton
Merton
Thelbridge Barton
Tiverton
Waterloo Cross
Bickleigh
Cullompton
Thornbury
Winkleigh
Kennerleigh
Stratton
Holsworthy Beacon
Devon
Hatherleigh
Exbourne
Copplestone
Cadbury
Holsworthy
Highampton
North Tawton
Bow
Barnstaple Cross
Crediton
Killerton Gardens
Clawton
Halwill
Coppathorne
Whitstone
Tamar
Tedburn Saint Mary
Dog Village
Okehampton
Exeter
Bennacott
South Zeal
Sourton
Whiddon Down
Crockernwell
Teign
Castle Drogo
Clyst St. Mary
Roadford Res.
Bridestowe
Lydford
Chagford
Exminster
Woodbury
Launceston
Piperspool
Lifton
Downton
Dartmoor
Moretonhampstead
Starcross
A La Ronde House
West Devon Mining Landscape
Postbridge
Widecombe in the Moor
Bovey Tracey
Exmouth
Five Lanes
Bolventor
South Petherwin
Milton Abbot
Tavistock
Dartmoor Forest
Chudleigh
Dawlish
Teignmouth
Merrivale
Drumbridge
Bickington
Dartmeet
Kingsteignton
Babbacombe Bay
Two Bridges
Dart
Ashburton
Newton Abbot
Upton Cross
Kelly Bray
Gunnislake
National Park
Callington
Cotehele House
Yelverton
Buckfastleigh
Kent's Cavern
Neot
St Ive
Buckland Abbey
Liskeard
Lynher
Trematon Castle
Plym
Torquay
Saltash
CROWNHILL
South Brent
Paignton
Tor Bay
St. Germans
Antony House
Cornwood
Ivybridge
Totnes
PLYMPTON
Brixham
Polbathic
Torpoint
Saltram House
Moreleigh
Pelynt
Looe
Cremyll
Yealmpton
Dartmouth
Kingswear
Whitsand Bay
Polperro
PLYMOUTH
Modbury
Stoke Fleming
Rame Head
Newton Ferrers
Bigbury-on-Sea
Kingsbridge
Slapton
Start Bay
Thurlestone
Bigbury Bay
Malborough
Stokenham
Torcross
Hallsands
Bolt Tail
Salcombe
East Portlemouth
Start Point
Prawle Point
Eddystone Lighthouse
English Channel
10 mi
10 km
In the U.K. distances in miles
Santander
Roscoff

A
B
C
138
1
2
3
4
5
6
Brecon Beacons
886
Tretower Court and Castle
Grosmont
Raglan Castle
Ross-on-Wye
Mitcheldean
GLOUCESTER
Pandy
Skenfrith
Goodrich
Huntley
Abergavenny
Monmouth
Drybrook
Cinderford
Newnham
Arlington
Merthyr Tydfil
Brynmawr
Big Pit Mining Museum
Wyesham
Coleford
Saul
Tredegar
Ebbw Vale
Blaenavon
Raglan
Whitecroft
Bream
Blakeney
Slimbridge Wildfowl Trust
Stonehouse
Cyfarthfa Castle
New Tredegar
Cwm
Coity Mountain
Abertillery
St. Briavels
Aylburton
Lydney
Cambridge
Sharpness
Dursley
Pontypool
Usk
Tintern Parva
Tintern Abbey
Mountain Ash
Bargoed
Gelligaer
Blackwood
Cwmbran
St. Arvans
Berkeley
Berkeley Castle
Severn
Wales
Abercarn
Roman Amphitheatre
Caerwent
Chepstow
Thornbury
Wotton-under-Edge
Heritage Park
Pontypridd
Bedwas
Risca
Caerleon
Caldicot
Alveston
Hillesley
Wickwar
Didmarton
Tonyrefail
Caerphilly
NEWPORT
Severn Beach
Frampton Cotterell
Yate
Horton Court
Badminton House
Acton Turville
Beddau
Llantrisant
Tredegar Park House
Mouth of the Severn
Avonmouth
Mangotsfield
Castle Combe
Saint Nicholas
CARDIFF
Museum of Welsh Life
Portishead
Kingswood
Marshfield
Eglwys-Brewis
St. Andrews Major
Penarth
BRISTOL
Oldland
Cold Ashton
Corsham
Clevedon
Nailsea
Keynsham
Batheaston
Box
Lavernock Point
Backwell
Yatton
Barry
East Aberthaw
Porthkerry
Pensford
Marksbury
Claverton Manor
Bradford on Avon
Weston-super-Mare
Chew Magna
Bath
Chew Valley Lake
Banwell
Churchill
Peasedown Saint John
Paulton
Radstock
Westwood Manor
Bristol Channel
Winscombe
Axbridge
Mendip Hills
West Harptree
Midsomer Norton
Beckington
East Brent
Caves and Cheddar Gorge
Cheddar
Chewton Mendip
Frome
Burnham-on-Sea
Green Ore
Oak Hill
Bridgwater Bay
Highbridge
Wedmore
Westbury-sub-Mendip
Wookey Hole
Steart
Watchfield
Wells
Nunney
Longleat House
Longbridge Deverill
Blue Anchor
Watchet
Kilve
Westhay
Shepton Mallet
Maiden Bradley
Washford
Williton
North Petherton
West Pennard
Cleeve Abbey
Quantock Hills
Cannington
Bridgwater
Glastonbury
Evercreech
Elworthy
Flaxpool
Piper's Inn
Street
Bruton
Stourhead House
Mere
North Petherton
Wimbleball Lake
Bishops Lydeard
Othery
Castle Cary
Wiveliscombe
Durston
Somerton
Sparkford
Wincanton
Gillingham
Milverton
Taunton
Langport
Long Sutton
Cadbury Castle
Wellington
Hambridge
Ilchester
East Stour
Martock
Ashill
South Petherton
Yeovil
Sherborne
Stalbridge
Black Down Hills
Horton
Montacute House
Bishop's Caundle
Sturminster Newton
Culmstock
Hemyock
Ilminster
West Coker
Longburton
Waterloo Cross
Marsh
South West
Dunkeswell
Chard
Crewkerne
Dor
Durweston
Blandford Forum
Yarcombe
South Perrott
Holywell
Middlemarsh
Forde Abbey
Broadwindsor
Beaminster
Cerne Abbas
The Giant
Piddletrenthide
Milton Abbas
Talaton
Honiton
Axminster
Maiden Newton
Milborne St. Andrew
Winterborne Whitechurch
Ottery Saint Mary
Salwayash
Hunters Lodge Inn
Puddletown
Bere Regis
Colyford
Chideock
Bridport
Winterbourne Abbas
Piddle or Trent
Newton Poppleford
Sidford
Charmouth
Dorchester
Moreton
Frome
Woodbury
Beer
Seaton
Lyme Regis
West Bay
Maiden Castle
Sidmouth
Sub-Tropical Gardens
Swyre
Hardy Monument
Whitcombe
Broadwey
Warmwell
East Knighton
Bicton Gardens
Abbotsbury
Preston
Purbeck
A La Ronde House
Swannery
Starcross
Budleigh Salterton
Lyme Bay
Chesil Beach
Exmouth
East Devon Coast
Lulworth Cove
West
Weymouth
10 mi
10 km
Fortuneswell
Rufus Castle
Isle of Portland
Easton
Dorset Coa
In the U.K. distances in miles
Bill of Portland

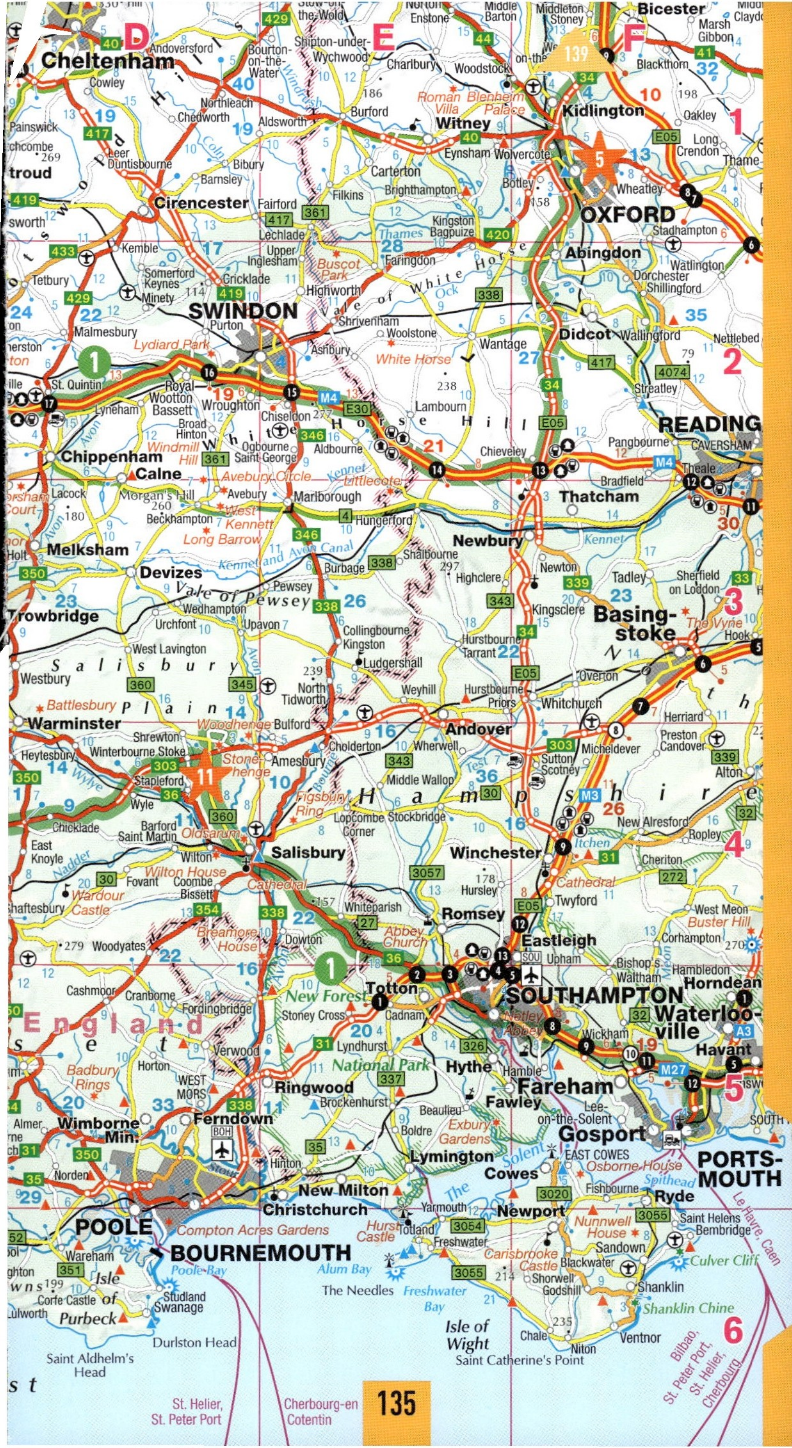

D
E
F
1
2
3
4
5
6
Cheltenham
Andoversford
Cowley
Northleach
Chedworth
Painswick
Stroud
Leer
Duntisbourne
Bibury
Barnsley
Cirencester
Fairford
Lechlade
Kemble
Somerford Keynes
Minety
Tetbury
Malmesbury
Cricklade
Upper Inglesham
Buscot Park
Highworth
SWINDON
Purton
Lydiard Park
Royal Wootton Bassett
Wroughton
Chiseldon
Lyneham
St. Quintin
Broad Hinton
Windmill Hill
Ogbourne Saint George
Aldbourne
Chippenham
Calne
Avebury Circle
Avebury
Marlborough
Lacock
Morgan's Hill
Beckhampton
West Kennett Long Barrow
Melksham
Devizes
Kennet and Avon Canal
Vale of Pewsey
Pewsey
Wedhampton
Urchfont
Upavon
Trowbridge
West Lavington
Westbury
Salisbury Plain
Battlesbury
Warminster
North Tidworth
Bulford
Woodhenge
Shrewton
Winterbourne Stoke
Stonehenge
Amesbury
Heytesbury
Stapleford
Wylye
Chicklade
Barford Saint Martin
Old Sarum
Salisbury
East Knoyle
Wilton
Wilton House
Fovant
Coombe Bissett
Cathedral
Wardour Castle
Shaftesbury
Woodyates
Breamore House
Cranborne
Cashmoor
Fordingbridge
England
Horton
Badbury Rings
West Mors
Verwood
Ringwood
Wimborne Min.
Ferndown
Norden
POOLE
BOURNEMOUTH
Compton Acres Gardens
Christchurch
Wareham
Isle of Purbeck
Corfe Castle
Lulworth
Swanage
Studland
Poole Bay
Durlston Head
Saint Aldhelm's Head
Bicester
Marsh Gibbon
Blackthorn
Kidlington
Oakley
Long Crendon
Thame
Middleton Stoney
Middle Barton
Norton
Enstone
Stow-on-the-Wold
Bourton-on-the-Water
Shipton-under-Wychwood
Charlbury
Woodstock
Roman Villa
Blenheim Palace
Burford
Aldsworth
Witney
Eynsham
Wolvercote
Carterton
Brighthampton
Filkins
Botley
OXFORD
Wheatley
Stadhampton
Kingston Bagpuize
Thames
Faringdon
Abingdon
Watlington
Dorchester
Shillingford
Vale of White Horse
Ock
Shrivenham
Woolstone
Wantage
Didcot
Wallingford
Nettlebed
Ashbury
White Horse
Lambourn
Streatley
White Horse Hill
Chieveley
Pangbourne
READING
CAVERSHAM
Theale
Bradfield
Thatcham
Kennet
Littlecote
Hungerford
Newbury
Shalbourne
Burbage
Highclere
Newton
Tadley
Sherfield on Loddon
The Vyne
Basingstoke
Kingsclere
Collingbourne Kingston
Ludgershall
Hurstbourne Tarrant
Weyhill
Hurstbourne Priors
Whitchurch
Overton
Hook
Andover
Cholderton
Wherwell
Sutton Scotney
Micheldever
Herriard
Preston Candover
Alton
Middle Wallop
Test
Hampshire
Figsbury Ring
Lopcombe Corner
Stockbridge
New Alresford
Itchen
Ropley
Winchester
Cheriton
Hursley
Twyford
West Meon
Buster Hill
Whiteparish
Romsey
Abbey Church
Eastleigh
Corhampton
Dowton
Upham
Bishop's Waltham
Hambledon
Meon
Horndean
Waterlooville
Havant
New Forest
National Park
Totton
Cadnam
SOUTHAMPTON
Netley Abbey
Stoney Cross
Lyndhurst
Hythe
Hamble
Wickham
Fareham
Fawley
Brockenhurst
Beaulieu
Exbury Gardens
Lee-on-the-Solent
Gosport
PORTSMOUTH
Boldre
Lymington
Solent
East Cowes
Osborne House
Cowes
Hinton
New Milton
Spithead
Fishbourne
Ryde
Yarmouth
Hurst Castle
Totland
Freshwater
Newport
Nunnwell House
Saint Helens
Bembridge
Culver Cliff
Carisbrooke Castle
Blackwater
Sandown
Shorwell
Godshill
Shanklin
Shanklin Chine
Alum Bay
The Needles
Freshwater Bay
Isle of Wight
Chale
Niton
Ventnor
Saint Catherine's Point
Le Havre, Caen
Bilbao, St. Peter Port, St. Helier, Cherbourg
St. Helier, St. Peter Port
Cherbourg-en Cotentin

A
B
C
1
2
3
4
5
6
140
LUTON
Stevenage
Dunstable
Leighton Buzzard
Hitchin
Aylesbury
Waddesdon
Waddesdon Manor
Claydon House
Middle Claydon
Marsh Gibbon
Whitchurch
Tring
Wendover
Berkhamsted
Hemel Hempstead
Harpenden
St. Albans
Welwyn Garden City
Hatfield
Hertford
Ware
Bishop's Stortford
Buntingford
Stansted Mountfitchet
Hoddesdon
Cheshunt
Waltham Abbey
Potters Bar
Borehamwood
Loughton
Chesham
Amersham
Rickmansworth
WATFORD
Bushey
High Wycombe
Princes Risborough
Thame
Long Crendon
Chinnor
Stokenchurch
Watlington
Marlow
Beaconsfield
Gerrards Cross
Maidenhead
Henley-on-Thames
Nettlebed
READING
CAVERSHAM
SLOUGH
Windsor
Eton
Twyford
Wokingham
Bracknell
Ascot
Staines
Chertsey
Walton
Esher
WOKING
Camberley
Farnborough
Fleet
Aldershot
Farnham
Guildford
Godalming
Haslemere
Hindhead
Dorking
Leatherhead
Epsom
Reigate
Redhill
Oxted
Caterham
Crawley
Horsham
East Grinstead
Haywards Heath
Burgess Hill
Uckfield
Lewes
BRIGHTON
Hove
Worthing
Littlehampton
Bognor Regis
Chichester
Havant
Waterlooville
Petersfield
Midhurst
Petworth
Pulborough
Storrington
Arundel
Seaford
Newhaven
Peacehaven
Rottingdean
Selsey
Selsey Bill
LONDON
Greater London
WEMBLEY
EALING
HILLINGDON
RUISLIP
TWICKENHAM
RICHMOND
KINGSTON UPON THAMES
WIMBLEDON
CROYDON
SUTTON
BROMLEY
ORPINGTON
GREENWICH
STREATHAM
ILFORD
BARKING
LEYTON
ENFIELD
FINCHLEY
WEALDSTONE
Heathrow
Gatwick
South Downs National Park
Goodwood House
The Trundle
Cissbury Ring
Royal Pavilion
Charleston Farmhouse
Ditchling Beacon
Polesden Lacey
Albury Park
Hampton Court
Thorpe Park
Whipsnade Zoo
Ashridge College
Hughenden Manor
House of Cliveden
St Paul's Cath.
Westm. Abbey
Tower
Kew Gardens
Castle Hever
Chiltern Hills
South East
English

D
E
F
1
2
3
4
5
6
Stansted
Great Dunmow
Takeley
Braintree
Bardfield
Earls Colne
Chappel
Colne
Bergholt
Manningtree
Harwich
142
Great Oakley
COLCHESTER
Thorpe-le-Soken
Walton-on-the-Naze
Coggeshall
Kelvedon
Marks Tey
Layer de la Haye
Wivenhoe
Abberton
Brightlingsea
Frinton-on-Sea
Clacton-on-Sea
Great Leighs
Witham
Tiptree
Abberton Res.
West Mersea
Ford End
Leaden Roding
Hatfield Heath
Pleshey
Great Waltham
Little Waltham
Great Totham
Tolleshunt d'Arcy
Blackwater
CHELMSFORD
Fyfield
Writtle
Danbury
Maldon
Bradwell-on-Sea
Chipping Ongar
South Woodham Ferrers
Althorne
Southminster
Billericay
Wickford
Crouch
Burnham-on-Crouch
Foulness Point
Brentwood
Rochford
Roach
Rayleigh
BASILDON
Great Wakering
Stanford-le-Hope
Sth. Benfleet
SOUTHEND-ON-SEA
Corringham
Coryton
Canvey Island
Grays
Thames
Tilbury
Cliffe
Allhallows
Dartford
Gravesend
Grain
Sheerness
Minster
Hoo
Medway
Rochester
Isle of Sheppey
Leysdown-on-Sea
Margate
Herne Bay
Birchington
Broadstairs
Whitstable
Gillingham
Chatham
Longfield
Sittingbourne
The Swale
Faversham
Upstreet
Sturry
Minster
Ramsgate
Richborough Castle
Sandwich Bay
Sandwich
Kit's Coty House
West Kingsdown
Canterbury
Stour
Wingham
Ash
Sevenoaks
Hollingbourne
Old Soar Manor
Knole House
Leeds
Leeds Castle
Chilham
Eastry
Aylesham
Mereworth
Maidstone
Lenham
Shipbourne
Challock
Great Stour
Deal
Tonbridge
Paddock Wood
Kingsdown
Medway
Wye
Little Stour
Eythorne
St. Margaret's at Cliffe
Marden
Staplehurst
Headcorn
Dover
Castle
White Cliffs
Pembury
Brabourne Lees
Elham
Royal Tunbridge Wells
Ashford
Bethersden
Lamberhurst
Goudhurst
Sissinghurst Garden
Folkestone
Hythe
Scotney Castle
Cranbrook
Frant
Hamstreet
Woodchurch
Tenterden
Bewl Water
Hawkhurst
Crowborough
Mayfield
Royal
Brenzett
tourist railway
Dymchurch
Bodiam
Bodiam Castle
Heathfield
Burwash
Robertsbridge
Rother
Northiam
New Romney
Peasmarsh
Greatstone-on-Sea
Rye
Lydd
Camber
Brede
Battle
Winchelsea
Dungeness
Herstmonceux
Ninfield
1066
Herstmonceux Castle
Fairlight
Hailsham
Polegate
Bexhill
Hastings
Pevensey Bay
Eastbourne
East Dean
Beachy Head
Channel
Dieppe
10 mi
10 km
In the U.K. distances in miles

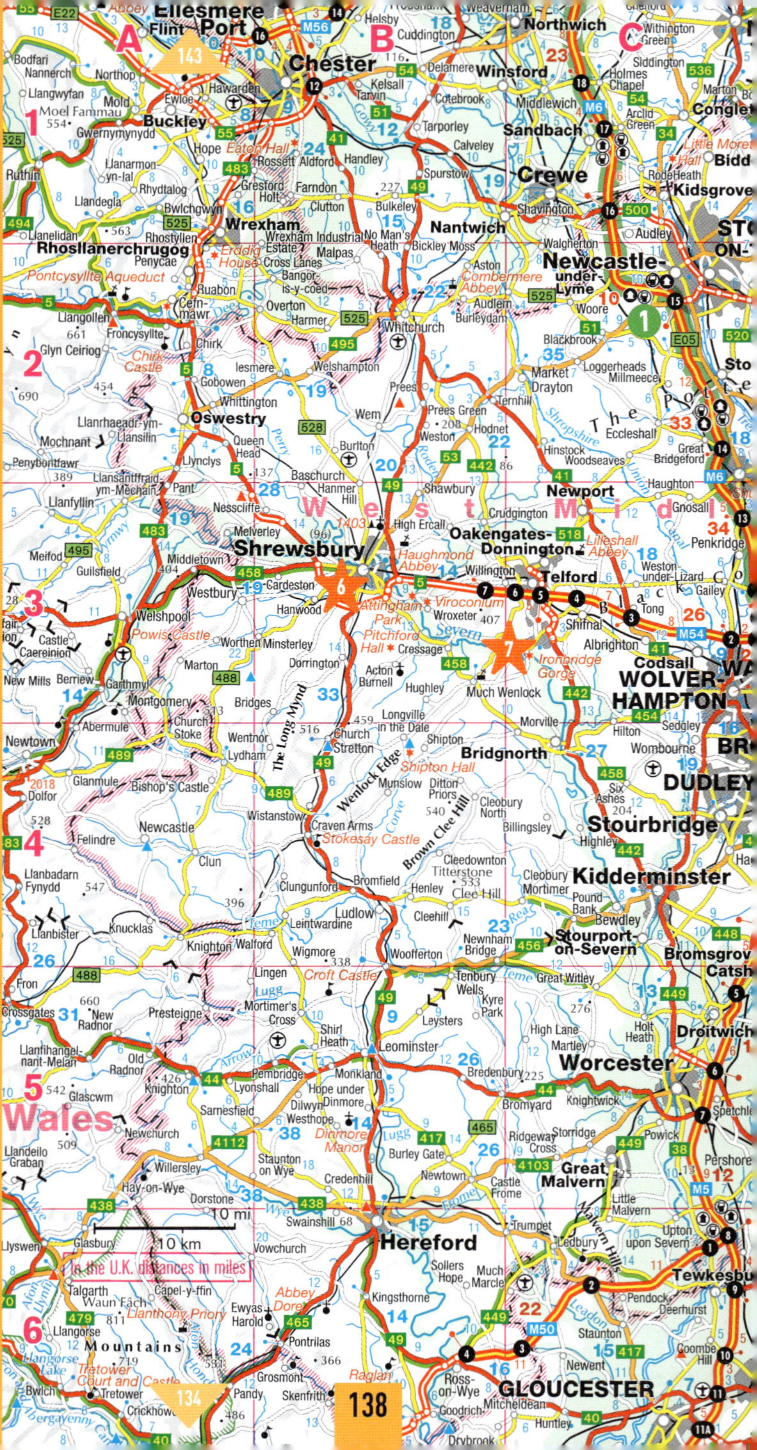

A
B
C
143
134
Ellesmere Port
Flint
Chester
Helsby
Cuddington
Northwich
Weaverham
Withington Green
Siddington
Holmes Chapel
Congleton
Delamere
Winsford
Kelsall
Tarvin
Cotebrook
Middlewich
Arclid Green
Sandbach
Bodfari
Nannerch
Northop
Hawarden
Ewloe
Mold
Llangwyfan
Moel Fammau
Buckley
Gwernymynydd
Hope
Eaton Hall
Rossett
Aldford
Handley
Tarporley
Calveley
Little Moreton Hall
Crewe
Spurstow
Kidsgrove
Ruthin
Llanarmon-yn-Ial
Rhydtalog
Gresford
Holt
Farndon
Bulkeley
Llandegla
Bwlchgwyn
Wrexham
Clutton
Shavington
Audley
Llanelidan
Rhostyllen
Rhosllanerchrugog
Penycae
Wrexham Industrial Estate
No Man's Heath
Nantwich
Bickley Moss
Walgherton
Newcastle-under-Lyme
Erddig House
Cross Lanes
Malpas
Aston
Combermere Abbey
Pontcysyllte Aqueduct
Ruabon
Bangor-is-y-coed
Cefn-mawr
Overton
Audlem
Burleydam
Woore
Llangollen
Froncysyllte
Harmer
Whitchurch
Blackbrook
Glyn Ceiriog
Chirk
Chirk Castle
Iesmere
Welshampton
Market Drayton
Loggerheads
Millmeece
Gobowen
Prees
Whittington
Oswestry
Wem
Prees Green
Ternhill
Llanrhaeadr-ym-Mochnant
Llansilin
Queen Head
Weston
Hodnet
Eccleshall
Great Bridgeford
Penybontfawr
Lynclys
Burlton
Hinstock
Woodseaves
Llansantffraid-ym-Mechain
Pant
Baschurch
Hanmer Hill
Shawbury
Newport
Haughton
Gnosall
Llanfyllin
Nesscliffe
West Midlands
High Ercall
Crudgington
Penkridge
Melverley
Shrewsbury
Oakengates-Donnington
Lilleshall Abbey
Meifod
Guilsfield
Middletown
Haughmond Abbey
Withington
Weston-under-Lizard
Westbury
Cardeston
Telford
Gailey
Welshpool
Hanwood
Attingham Park
Viroconium
Wroxeter
Tong
Shifnal
Castle Caereinion
Powis Castle
Worthen
Minsterley
Pitchford Hall
Cressage
Severn
Albrighton
Codsall
Wolverhampton
Marton
Dorrington
Acton Burnell
Ironbridge Gorge
New Mills
Berriew
Garthmyl
Hughley
Much Wenlock
Montgomery
Bridges
Abermule
Church Stoke
The Long Mynd
Longville in the Dale
Morville
Sedgley
Hilton
Wentnor
Church Stretton
Shipton
Newtown
Lydham
Bridgnorth
Wombourne
Wenlock Edge
Shipton Hall
Glanmule
Bishop's Castle
Munslow
Ditton Priors
Cleobury North
Dudley
Dolfor
Six Ashes
Wistanstow
Craven Arms
Brown Clee Hill
Billingsley
Stourbridge
Newcastle
Stokesay Castle
Highley
Felindre
Clun
Cleedownton
Titterstone Clee Hill
Cleobury Mortimer
Kidderminster
Llanbadarn Fynydd
Clungunford
Bromfield
Henley
Pound Bank
Bewdley
Llanbister
Knucklas
Ludlow
Leintwardine
Cleehill
Newnham Bridge
Stourport-on-Severn
Bromsgrove
Knighton
Walford
Teme
Wigmore
Fron
Lingen
Croft Castle
Tenbury Wells
Great Witley
Catshill
New Radnor
Presteigne
Mortimer's Cross
Kyre Park
Crossgates
Leysters
Holt Heath
Droitwich
High Lane
Martley
Shirl Heath
Leominster
Llanfihangel-nant-Melan
Old Radnor
Kington
Pembridge
Monkland
Bredenbury
Worcester
Lyonshall
Hope under Dinmore
Bromyard
Knightwick
Wales
Glascwm
Sarnesfield
Dilwyn
Westhope
Dinmore Manor
Spetchley
Newchurch
Storridge
Powick
Llandeilo Graban
Burley Gate
Ridgeway Cross
Pershore
Willersley
Staunton on Wye
Great Malvern
Credenhill
Newtown
Castle Frome
Hay-on-Wye
Dorstone
Little Malvern
Wye
Swainshill
Trumpet
Upton upon Severn
Hereford
Malvern Hills
Llyswen
Glasbury
Vowchurch
Ledbury
Tewkesbury
Sollers Hope
Much Marcle
In the U.K. distances in miles
10 mi
10 km
Talgarth
Capel-y-ffin
Abbey Dore
Kingsthorne
Pendock
Deerhurst
Waun Fach
Llanthony Priory
Ewyas Harold
Llangorse
Mountains
Staunton
Pontrilas
Coombe Hill
Llangorse Lake
Tretower Court and Castle
Grosmont
Raglan
Newent
Ross-on-Wye
Gloucester
Bwlch
Tretower
Pandy
Skenfrith
Mitcheldean
Goodrich
Crickhowell
Huntley
Abergavenny
Drybrook

D
E
F
144
Buxton
Macclesfield
Ashford in the Water
Bakewell
Baslow
Calver
Eyam
Wardlow
Barlow
Staveley
Bolsover
Nether Langwith
Clumber Park
Thoresby Hall
Darlton
Tuxford
Ollerton
Rufford Abbey
Kneesall
Warsop
Chatsworth House
Haddon Hall
Chesterfield
Mansfield Woodhouse
Hardwick Hall
Mansfield
Longnor
Youlgreave
Rowsley
Matlock
Clay Cross
Tibshelf
Sutton in Ashfield
Kirkby in Ashfield
Kirklington
South Muskham
Upper Hulme
Warslow
Hartington
Winster
National Park
Leek
Tramway Museum
Cromford
Wirksworth
Alfreton
Newstead Abbey
Ravenshead
Southwell
Newark-on-Trent
Dale
Ilam
Froghall
Water Houses
Whatstandwell
Ambergate
Ripley
Heanor
Hucknall
Calverton
East Stoke
Stoke-on-Trent
Kniveton
Belper
Oakamoor
Alton Towers
Kingsley
Ashbourne
Mayfield
Ellastone
Derwent Valley Mills
Kimberley
Arnold
Lowdham
Carlton
Nottingham
Longton
Cheadle
Croxden Abbey
Rocester
Duffield
Kedleston Hall
Ilkeston
Brailsford
Longford
Langley
Beeston and Stapleford
Bingham
Radcliffe on Trent
Blythe Bridge
Upper Tean
Ceckley
Derby
Ockbrook
West Bridgford
Cotgrave
Uttoxeter
Sudbury
Etwall
Long Eaton
Ruddington
Kinoulton
Sandon
Dove
Draycott in the Clay
Hatton
Keyworth
Harby
Weston
Blithfield Res.
Abbots Bromley
Tutbury
Castle Donington
Kegworth
Willington
Melbourne
Grantham Canal
Nether Broughton
Stafford
Tixall
Ticknall
East Midlands
EMA
Rempstone
Colwich
Hoar Cross
Burton-upon-Trent
Swadlincote
Hathern
Ab Kettleby
Melton Mowbray
Shugborough Hall
King's Bromley
Shepshed
Loughborough
Rugeley
Castle Gresley
Ashby-de-la-Zouch
Quorn
Asfordby
Alrewas
Coalville
Sileby
Rearsby
Handsacre
Overseal
Huntington
Cannock
Lichfield
Lullington
Measham
Cropston
Syston
Twyford
Ibstock
Seckington
Burntwood
Leicester
Quenby Hall
Owston
Tamworth
Barlestone
Desford
Twycross
Brownhills
Sheepy Magna
Earl Shilton
Billesdon
Cadeby
Walsall
M6Toll
Aldridge
Atherstone
Wigston
East Norton
Sutton Coldfield
Hinckley
Kibworth Harcourt
West Bromwich
Nuneaton
Broughton Astley
Church Langton
Birmingham
Arnesby
Market Harborough
Bedworth
Wibtoft
Oldbury
Wolvey
Halesowen
Bulkington
Lutterworth
North Kilworth
Desborough
Solihull
BHX
Coventry
Pailton
Husbands Bosworth
Clipston
Rubery
Knowle
Rugby
Kelmarsh
Thornby
Lamport
Wythall
Hockley Heath
Kenilworth
Draycote Water
West Haddon
Creaton
Alvechurch
Brixworth
Redditch
Henley-in-Arden
Hatton
Braunston
Long Buckby
Warwick
Leamington
Althorp House
Harlestone
Hanbury Hall
Studley
Wootton Wawen
Daventry
Althorp Park
Astwood Bank
Black Country
Bishop's Tachbrook
Southam
Napton on the Hill
Badby
Northampton
Coughton Court
Mary Arden's House
Weedon Bec
Hardingstone
Inkberrow
Alcester
A Hathaway's Cottage
Charlecote Park
Priors Marston
Bugbrooke
Ragley Hall
Wellesbourne
Gaydon
Upton Snodsbury
Stratford upon-Avon
Kineton
Burton Dassett
Byfield
Maidford
Roade
Wyre Piddle
Norton
Bidford-on-Avon
Ettington
Upton House
Warmington
Chipping Warden
Towcester
Stoke Bruerne
Evesham
Vale of Evesham
Mickleton
Ilmington
Halford
Wardington
Sulgrave
Silverstone
Honeybourne
Weston Subedge
Compton Wynyates
Middle Tysoe
Middleton Cheney
Bredon Hill
Tredington
Shipston-on-Stour
Brailes
Banbury
Sedgeberrow
Chipping Campden
Brackley
Stowe School
Broadway
Bloxham
Hook Norton
Adderbury
Aynho
Finmere
Stanton
Toddington
Moreton-in-Marsh
Long Compton
Buckingham
Bishop's Cleeve
Winchcombe
Chastleton House
Rollright Stones
Deddington
Kineton
Claydon House
Cleeve Hill
Stow-on-the-Wold
Chipping Norton
Enstone
Ardley
Middle Barton
Middleton Stoney
Bicester
Middle Claydon
Cheltenham
Marsh Gibbon
Whitchurch
Andoversford
Bourton-on-the-Water
Shipton-under-Wychwood
Charlbury
Weston-on-the-Green
Blackthorn
Waddesdon Manor
Oxford Canal
135

144
136
A
B
C
E
Bolsover
Nether Langwith
Warsop
Ollerton
Clumber Park
Thoresby Hall
Tuxford
Rufford Abbey
Newton-on-Trent
Darlton
South Clifton
Doddington
Saxilby
Lincoln Cathedral
Lincoln
Baumber
Bardney
Horncastle
Bracebridge Heath
Waddington
North Hykeham
Metheringham
Martin
Woodhall Spa
Tattershall
Billinghay
Mansfield Woodhouse
Mansfield
Hardwick Hall
Sutton in Ashfield
Kirkby in Ashfield
Kneesall
Kirklington
South Muskham
Collingham
Bassingham
Newark-on-Trent
Boothby Graffoe
Southwell
Ravenshead
Newstead Abbey
Hucknall
Calverton
East Stoke
Leadenham
Leasingham
Ruskington
North Kyme
Heanor
Kimberley
Arnold
Lowdham
Long Bennington
Ancaster
Sleaford
Heckington
Ilkeston
Carlton
NOTTINGHAM
Foston
Barkston
Belton
Belton House
Swineshead
Swaton
Kirton
Beeston and Stapleford
Radcliffe on Trent
Bingham
Bottesford
Grantham
West Bridgford
Cotgrave
Belvoir Castle
Threekingham
Donington
Long Eaton
Ruddington
Kinoulton
Belvoir
Boothby Pagnell
Keyworth
Harby
Croxton Kerrial
Great Ponton
Manor House
Kegworth
East Midlands
Grantham Canal
Nether Broughton
Waltham on the Wolds
Rippingale
Hathern
Rempstone
Corby Glen
Grimsthorpe
Spalding-Pinchbeck
Shepshed
Loughborough
Kettleby
Asfordby
Melton Mowbray
Buckminster
Colsterworth
Castle Bytham
Bourne
Quorn
Stapleford
Thurlby
Coalville
Sileby
Rearsby
Stretton
The Deepings
Cropston
Syston
Twyford
Langham
Ryhall
Stamford
LEICESTER
Quenby Hall
Owston
Oakham
Empingham
Glinton
Desford
Billesdon
Rutland Water
Burghley House
Earl Shilton
East Norton
Morcott
Duddington
Wansford
Wigston
Uppingham
PETER
Kibworth Harcourt
Broughton Astley
Arnesby
Church Langton
Medbourne
Kirby Hall
Bulwick
Elton
Orton Waterville
Whittles
Farcet
Fen
Yaxley
Rockingham
Fotheringhay
Wibtoft
Market Harborough
Wilbarston
Corby
Tansor
Oundle
Lutterworth
North Kilworth
Brigstock
Husbands Bosworth
Desborough
Lyveden New Bield
Great Gidding
Clipston
Rothwell
Kettering
Islip
Thrapston
Abbots Ripton
Kelmarsh
Thornby
Rugby
Alconbury
West Haddon
Lamport
Creaton
Broughton
Burton Latimer
Raunds
Hunting
Brixworth
Finedon
Pitsford Reservoir
Irthlingborough
Brampton
Braunston
Long Buckby
Moulton
Earls Barton
Wellingborough
Rushden
Kimbolton
Grafham Water
Godmanchester
Buckden
Offord
Daventry
Althorp House
Harlestone
Ecton
Wollaston
Staughton Highway
Althorp Park
Castle Ashby
Napton-on the Hill
Badby
Priors Marston
Weedon Bec
Northampton
Sharnbrook
Bozeat
Bolnhurst
Eltisley
Bugbrooke
Hardingstone
Milton Ernest
Chawston
Eaton Socon-St. Neots
Byfield
Horton
Maidford
Roade
Olney
Great Ouse
Bedford
Gamlingay
Great Barford
Chipping Warden
Towcester
Stoke Goldington
Stagsden
Sandy
Potton
Wardington
Sulgrave
Stoke Bruerne
Kempston
Silverstone
Wolverton-Stony Stratford
Newport Pagnell
Wilstead
Old Warden
Biggleswade
Middleton Cheney
Banbury
Cranfield
Houghton House
Adderbury
Stowe School
Clophill
Shefford
Henlow
Ashwell
Brackley
Aynho
Finmere
Milton Keynes
Woburn Sands
Flitwick
Stotfold
Baldock
Buckingham
Bletchley
Barton-le-Clay
Letchworth
Woburn Abbey
Ardley
Claydon House
Winslow
Stewkley
Toddington
Hitchin
Middleton Stoney
Bicester
Leighton Buzzard
Hockliffe
LUTON
Middle Claydon
Steve
Weston-on-the-Green
Blackthorn
Whitchurch
Waddesdon Manor
Dunstable
Saint Paul's Walden
Knebworth
Kimpton
East Midlands
L i n c o l n
L e i c e s t e r s h i r e
R o c k i n g h a m F o r e s t

D
E
F
145
10 mi
10 km
In the U.K. distances in miles
1
2
3
4
5
6
Ruckland
Tetford
Harrington
Alford
Mumby
Ulceby
Chapel St. Leonards
Willoughby
Ingoldmells
Partney
Candlesby
Burgh le Marsh
Spilsby
Skegness
Keal
Steeping River
Revesby
Gibraltar
Wainfleet
Gibraltar Point
Sibsey
Leake
Boston
The Wash
Kirton
Sutterton
Holbeach St. Marks
Gedney Drove End
Holbeach
Long Sutton
Sutton Bridge
Terrington St. Clement
Sutton St. James
Walpole St. Peter
Newton
Wisbech
The Fens
Guyhirn
Elm
Upwell
Outwell
March
Wimblington
Doddington
Manea
Benwick
Chatteris
Warboys
Somersham
Sutton
Ely
Earith
Haddenham
Stretham
Soham
Saint Ives
Willingham
Chittering
Wicken Fen
Denney Abbey
Longstanton
Cottenham
Waterbeach
Burwell
Bar Hill
Histon
Cambridge
Madingley
Bottisham
Caxton
Comberton
Grantchester
CBG
Fulbourn
Wandlebury
Brinkley
Harston
Great Shelford
Orwell
Abington
Great Bradley
Gog Magog Hills
Melbourn
Fowlmere
Sawston
Linton
Horseheath
Haverhill
Royston
Great Chesterford
Barley
Saffron Walden
Reed
M11
Duddenhoe End
Newport
Garden City
Hare Street
Clavering
Buntingford
Quendon
Stansted Mountfitchet
Braughing
Stansted
STN
Standon
Bishop's Stortford
Great Dunmow
Takeley
Thaxted
Broxted
Great Bardfield
Finchingfield
Gosfield
Hempstead
Steeple Bumpstead
Holme next the Sea
Brancaster
Blankeney Point
Burnham Norton
Blakeney
Hunstanton
Burnham Thorpe
Holkham
Wells-next-the-Sea
Weybourne
Binham
Heacham
Docking
Stanhoe
South Creake
Little Walsingham
Letheringsett
Holt
Baconsthorpe
Thursford
Great Bircham
Dersingham
Sandringham House
Fakenham
Swanton Novers
Briston
Saxthorpe
Wolverton
Castle Rising
New Houghton
Houghton Hall
Tattersett
Pensthorpe Waterfowl Park
Hillington
Guist
King's Lynn
Great Massingham
Brisley
Reepham
Rougham
North Elmham
Bawdeswell
Attlebridge
Gayton
Castle Acre
Newton
Litcham
Nar
Narborough
Dereham
Tottenhill
Necton
Honingham
Swaffham
Yare
Kimberley
Middle Level Main Drain
Great Ouse
Downham Market
Stradsett
Oxborough Hall
Cockley Cley
Ashill
Hingham
Nordelph
Stoke Ferry
Hilborough
Watton
Wymondham
Wissey
Southery
Welney
Methwold
Mundford
Great Hockham
Attleborough
Old Bedford River
Feltwell
Weeting
Larling
New Buckenham
Pymore
Littleport
Little Ouse
Brandon
East Harling
Kenninghall
Bridgham
Brandon Park
Prickwillow
Lakenheath
Thetford
Brettenham
Garboldisham
Diss
England
New Bedford River
Eriswell
Elveden
Euston
Little Ouse
Bressingham
River Lark
Mildenhall
Barningham
Isleham
Botesdale
Eye
Fordham
Chippenham
Stanton
Stoke Ash
Lackford
Ingham
Ixworth
Finningham
Great Barton
Kentford
Bury Saint Edmunds
Newmarket
Mickfield
Ickworth House
Woolpit
Ashley
Sicklesmere
Earl Stonham
Lidgate
Chedburgh
Rattlesden
Stowmarket
Brockley Green
Needham Market
Alpheton
Stradishall
Kentwell Hall
Hitcham
Claydon
Glemsford
Lavenham
Nedging Tye
Long Melford
Cavendish
Monks Eleigh
Ipswich
Wixoe
Bramford
Sudbury
Boxford
Hadleigh
Copdock
Bulmer Tye
Capel St. Mary
Castle Hedingham
Stoke-by-Nayland
Sible Hedingham
Bures
Nayland
East Bergholt
Holbrook
Flatford Mill
Dedham
Halstead
Stour
Earls Colne
Chappel
West Bergholt
Manningtree
Colchester
Colne
137
Wivenhoe
Layer de la Haye
Coggeshall

A
B
C
1
10 mi
10 km
In the U.K. distances in miles
NORTH SEA
Burnham Norton
Holkham
Wells-next-the-Sea
Blakeney
Weybourne
Sheringham
Cromer
Burnham Thorpe
South Creake
Stanhoe
Binham
Letheringsett
Sheringham Hall
Holt
Little Walsingham
Baconsthorpe
Roughton
Mundesley
Thursford
Fakenham
Tattersett
Swanton Novers
Briston
Saxthorpe
Blickling
North Walsham
Keswick
Happisburgh
Pensthorpe Waterfowl Park
Guist
Blickling Hall
Aylsham
Sea Palling
Stalham
Smallburgh
Brisley
North Elmham
Bawdeswell
Reepham
Rougham
Norfolk
Horstead
Potter Heigham
Somerton
Hemsby
Newton
Litcham
Attlebridge
Hoveton
Horning
Bastwick
The Broads
Dereham
Taverham
Honingham
NWI
NORWICH
Billockby
Acle
Caister-on-Sea
Great Yarmouth
Necton
The Broads National Park
Breydon Water
Ashill
Kimberley
Hingham
Yare
Hilborough
Watton
Wymondham
Reedham
Hopton
Pritton
Hapton
Tasburgh
Loddon
Woodton
Attleborough
Great Hockham
Haddiscoe
Lowestoft
East
Larling
New Buckenham
Ditchingham
Gillingham
Bungay
East Harling
Kenninghall
Pulham Market
Homersfield
Beccles
Hulver Street
Kessingland
Bridgham
Brettenham
England
Thetford
Garboldisham
Harleston
Diss
Bressingham
Scole
Metfield
Brampton
Wrentham
Euston
Barningham
Little Ouse
Wingfield
Fressingfield
Halesworth
Wangford
Reydon
Southwold
Stanton
Botesdale
Eye
Hoxne
Stradbroke
Heveningham Hall
Blythburgh
Ingham
Ixworth
Finningham
Stoke Ash
Heveningham
Great Barton
Brundish
Dennington
Yoxford
Dunwich
Westleton
Bury Saint Edmunds
Saxtead Green
Debenham
Framlingham
Saxmundham
Woolpit
Sicklesmere
Mickfield
Leiston
Rattlesden
Earl Stonham
Stowmarket
Brandeston
Thorpeness
Gromford
Otley Hall
Charsfield
Blaxhall
Aldeburgh
Needham Market
Ashbocking
Wickham Market
Alpheton
Hitcham
Tunstall
Kentwell Hall
Lavenham
Claydon
Grundisburgh
Alde
Butley
Nedging Tye
Long Melford
Martlesham
Woodbridge
Orford Ness
Monks Eleigh
Orford
Sandlings
Sudbury
Bramford
IPSWICH
Shottisham
Boxford
Hadleigh
Copdock
Bucklesham
Capel St. Mary
Bawdsey
Deben
Orwell
Stoke-by-Nayland
Bures
Nayland
East Bergholt
Holbrook
Chelmondiston
Flatford Mill
Shotley Gate
Felixstowe
Stour
Dedham
West Bergholt
Chappel
Manningtree
Harwich
Hoek van Holland
COLCHESTER
Great Oakley
Marks Tey
Layer de le Haye
Wivenhoe
Walton-on-the-Naze
Thorpe-le-Soken
137

D
E
F
146
138
1
2
3
4
5
6
Lake District National Park
Keswick
Derwent Water
Buttermere
Crummock Water
Borrowdale
Scale Force
Honister Pass
Helvellyn
Thirlmere
Glenridding
Ullswater
Pooley Bridge
Threlkeld
Lorton
Lamplugh
Ennerdale Water
Wast Water
Scafell Pike
Grasmere
Ambleside
Kentmere
Kirkstone Pass
High Street
Haweswater Res.
Shap
Orton
Tebay
Brough
Kirkby Stephen
Eden
Lune
Ravenstonedale
Keld
Great Shunner Fell
Garsdale Head
Hawes
Gosforth
Hardknott Fort
Little Langdale
Coniston
Windermere
Troutbeck Bridge
Eskdale Green
Ravenglass
Muncaster Castle
The Old Man of Coniston
Hawkshead
Sawrey
Torver
Coniston Water
Furness Fells
Lake District
Kendal
Abbot Hall
Sizergh Castle
Levens
Sedbergh
The Calf
Gawthrop
Dentdale
Whernside
Yorkshire Dales National Park
Ribble Head
Foxup
Bootle
Broughton in Furness
Grizebeck
Gawthwaite
Hallthwaites
Beck Side
Greenodd
Newby Bridge
Milnthorpe
Lindale
Arnside
Burton-in-Kendal
Kirkby Lonsdale
Tunstall
Ingleton
Ingleborough Cave
High Bentham
Clapham
Stainforth
Millom
Treleth
Ulverston
Cartmel
Bardsea
Cark
Silverdale
Carnforth
Dalton-in-Furness
Furness Abbey
Barrow-in-Furness
Isle of Walney
Morecambe Bay
Bolton-le-Sand
Morecambe
Heysham
Lancaster
Brookhouse
Lowgill
Settle
Long Preston
Ribblesdale
Ward's Stone
Douglas
Irish Sea
Galgate
Cockerham
Slaidburn
Gargrave
Gisburn
Barnoldswick
Sawley
Knott End on-Sea
Fleetwood
Preesall
Stake Pool
Garstang
North West England
Browsholme Hall
Thornton-Cleveleys
Poulton-le-Fylde
Wyre
Chipping
Clitheroe
Pendle Hill
Colne
BLACKPOOL
Great Eccleston
Broughton
Chingle Hall
Longridge
Whalley
Padiham
Great Harwood
Burnley
10 mi
10 km
Wrea Green
Kirkham
Osbaldeston
BLACKBURN
Towneley Hall
BLK
Freckleton
Lytham St. Anne's
Lytham
PRESTON
Accrington
Rawtenstall
Ribble
Darwen
Haslingden
Bacup
Leyland
Withnell
Tarleton
Crossens
Croston
In the U.K. distances in miles
Ramsbottom
Southport
Rufford Old Hall
Chorley
Belmont
Egerton
Rufford
Horwich
Coppull
Heywood
BOLTON
Bury
Ainsdale
Burscough
Skelmersdale
Formby
Ormskirk
Wigan
Farnworth
Radcliffe
Formby Point
Belfast
Maghull-Lydiate
Rainford
Ashton-in-Makerfield
MANCHESTER
Dublin
Crosby
Kirkby
Golborne
Leigh
Culcheth
Bootle
ST. HELENS
Salford
Liverpool Bay
LIVERPOOL
Newton-le-Willows
Wallasey
Huyton
Prescot
Sale
Hoylake-West Kirby
Altrincham
Greasby
Widnes
Warrington
Lymm
Cheadle
Point of Ayr
Prestatyn
Birkenhead
Bebington
Runcorn
Tatton Hall
Heswall
Wirral
Mersey
LPL
MAN
Trelawnyd
Glan-y-don
Neston
Speke Hall
Weaver
Mere
Wilmslow
Knutsford
Holywell
Basingwerk Abbey
Frodsham
Weaverham
Chelford
Rhuallt
Ellesmere Port
Helsby
Northwich
Withington Green
Flint
Cuddington
Connah's Quay
Chester
Delamere
Siddington
Bodfari
Nannerch
Northop
Hawarden
Kelsall
Winsford
Holmes Chapel
M6
M55
M65
M61
M66
M58
M57
M62
M602
M53
M56
E05
E20
E22

147
139
A
B
C
1
2
3
4
5
6
Middleton-in-Teesdale
Mickleton
Staindrop
Raby Castle
Barnard Castle
Winston
Piercebridge
Bowes
Egglestone Abbey
Darlington
Newton Aycliffe
Billingham
Redcar
Stockton-on-Tees
Eston and South Bank
Thornaby-on-Tees
MIDDLESBROUGH
Egglescliffe
Guisborough
Great Ayton
Hurworth-on-Tees
MME
Crathorne
Stokesley
Scotch Corner
Great Smeaton
Cockayne Ridge
Keld
Reeth
Richmond
Easby Abbey
Catterick Bridge
Great Langton
Whorlton
Mount Grace Priory
Great Shunner Fell
Swaledale
Grinton
Catterick Garrison
Osmotherley
Seave Green
Yorkshire
Dales
National Park
Hawes
Bainbridge
Aysgarth
Castle Bolton
Wensley
Leyburn
Northallerton
Cleveland
Wensleydale
Stalling Busk
Middleham
Jervaulx Abbey
Bedale
South Otterington
Rievaulx Abbey
Kirkbymoorside
Helmsley
Ellingstring
Masham
Kirklington
Thirsk
Foxup
Buckden
West Tanfield
Skipton-on-Swale
Topcliffe
Sutton-under-Whitestonecliffe
Kettlewell
Lofthouse
Hutton Sessay
Coxwold
Great Whernside
Wharfe
Ripon
Brandsby
Stainforth
Aldfield
Studley Royal
Kirby Hill
Easingwold
Settle
Malham
Thresfield
Grassington
Pateley Bridge
Fountains Abbey
Newby Hall
Minskip
Aldborough
Isurium
Flawith
Sutton-on-the-Forest
Linton
Appletreewick
Summer Bridge
Ripley
Knaresborough
Long Preston
Bolton Abbey
Green Hammerton
Haxby
Gargrave
Skipton
Harrogate
Gisburn
Ilkley
Burley in Wharfedale
Spofforth
Wetherby
YORK
Silsden
Glusburn
Earby
Barnoldswick
Harewood
Collingham
Naburn
Harewood House
Bramhope
Bardsey
Colne
Keighley
Guiseley-Yeadon
Tadcaster
Brontë Museum
Saltaire
LBA
Ulleskelf
Nelson
Haworth
Oxenhope
Bingley
Shipley
LEEDS
Garforth
Cawood
Riccall
Towneley Hall
Burnley
BRADFORD
Queensbury
Temple Newsam
Sherburn in Elmet
Selby
Pudsey
Hebden Bridge
Halifax
Morley
Rothwell
Monk Fryston
Hambleton
Todmorden
Castleford
Cambleforth
Brighouse
Batley
Normanton
Knottingley
Bacup
Mankinholes
Sowerby
Ripponden
Greetland
Dewsbury
Pontefract
Whitley
Littleborough
Ossett
Horbury
Wakefield
HUDDERSFIELD
Rochdale
Ryhill
Hemsworth
South Kirby
Askern
Heywood
Marsden
Skelmanthorpe
Shepley
Hatfield-Stainforth
Royton
Meltham
Royston
Cudworth
OLDHAM
Holmfirth-Honley
Denby Dale
Dearne
Darfield
Bentley
MANCHESTER
Crowden
Barnsley
Hoyland
Doncaster
Stalybridge
Ashton-under-Lyne
Dukinfield
Langsett
Stocksbridge
Conisbrough
DAS
Hyde
Glossop
Peak
Chapeltown
ROTHERHAM
New Rossington
Denton
Ladybower Res.
Oughtibridge
Tickhill
Bawtry
Maltby
STOCKPORT
Marple
Hazel Grove
Kinder Scout
Barber Booth
SHEFFIELD
Harworth
Thurcroft
Dinnington
Cheadle
New Mills
Aston
Poynton
Castleton
Bamford
Hathersage
Wales
Carlton in Lindrick
Chapel-en-le-Frith
Peak Cavern
Adlington
Wilmslow
Whaley Bridge
District
Dronfield
Eckington
Worksop
Tideswell
Macclesfield
Buxton
Eyam
Barlow
Staveley
Clowne
Clumber Park
Wardlow
Chesterfield
Bolsover
Siddington
Ashford in the Water
Nether Langwith
Budby
Thoresby Hall
Marton

D
E
F
1
2
3
4
5
6
10 mi
10 km
In the U.K. distances in miles
NORTH SEA
Boulby Cliffs
Staithes
Loftus
Goldsborough
Whitby
Danby
Egton
Hawsker
Sleights
Grosmont
Robin Hood's Bay
Goathland
Ravenscar
York Moors
Rosedale Abbey
Cloughton
Lockton
Hackness
Scalby
Scarborough
Wrelton
Pickering
Ayton
Snainton
Seamer
Allerston
Brompton
The Carrs
Salton
Kirby Misperton
Filey
Staxton
Slingsby
Knapton
Hunmanby
Reighton
Malton
Norton-on-Derwent
Castle Howard
North Grimston
West Lutton
Flamborough
Flamborough Head
Boynton
Langtoft
Whitwell-on-the-Hill
Bridlington
Sledmere
Kilham
Burton Agness
Thixendale
Wetwang
Bridlington Bay
The Wolds
Driffield
Fridaythorpe
Lissett
Stamford Bridge
Skipsea
North Dalton
Bainton
Hutton Cranswick
Beeford
Pocklington
Middleton-on-the-Wolds
Hornsea
Leven
Sigglesthorne
Shiptonthorpe
Market Weighton
Beverley
South Skirlaugh
Holme-on-Spalding-Moor
Newbald
Aldborough
Burton Constable
Burton Constable Hall
Sproatley
Little Weighton
Skidby
Cottingham
KINGSTON UPON HULL
Tunstall
North Cave
South Cave
Howden
Anlaby
Burton Pidsea
Withernsea
Hedon
Gilberdyke
Goole
North Ferriby
Swinefleet
New Holland
Patrington
Barton-upon-Humber
Thornton Abbey
Easington
Burton upon Stather
Eastoft
South Ferriby
Thornton Curtis
Kilnsea
Winterton
Normanby Hall
Humber
Appleby
Immingham
Thorne
Crowle
Scunthorpe
Grimsby
Spurn Head
Cleethorpes
Burringham
Broughton
Barnetby le Wold
Keelby
Humberston
Rotterdam-Europoort, Zeebrugge
Epworth
Brigg
Irby upon Humber
Messingham
Waltham
Haxey
Owston Ferry
Scotter
Redbourne
Caistor
Kirton in Lindsey
Moortown
East Ravendale
Nettleton
North Thoresby
North Somercotes
Blyton
Ludborough
Gringley on the Hill
Binbrook
Saltfleet
Beckingham
Gainsborough
Middle Rasen
Market Rasen
Louth
Harpswell
Ludford
Mablethorpe and Sutton
Kexby
Spridlington
Hainton
Clarborough
Marton
Sturton by Stow
Withern
Sutton on Sea
Retford
Scampton
Friesthorpe
Market Stainton
Scamblesby
Burwell
Maltby Marsh
Saxilby
Lincoln Cathedral
Dunholme
Wragby
Ruckland
Newton-on-Trent
Alford
Mumby
Darlton
South Clifton
Lincoln
Baumber
Ulceby
Harrington
Willoughby
Doddington
Bracebridge
Horncastle
Tuxford
Partney
141

A
B
C
1
2
3
4
5
6
Scotland
Stonypath
Dunsyre
Carstairs
Carnwath
Libberton
Elsrickle
Biggar
Blyth Bridge
Mountain Cross
Drochil Castle
West Linton
Howgate
Middleton
Moorfoot Hills
Oxton
Lauder
Lauderdale
Thirlestane Castle
Longformacus
Westruther
Houndslow
Greenlaw
Hume
Stow
Windlestraw Law
Peebles
Neidpath Castle
Kailzie Gardens
Traquair House
Traquair
Innerleithen
Woollen Trail
Galashiels
Melrose
Abbotsford
Mellerstain House
Earlston
Nenthorn
Ednam
Scott's View
Dryburgh Abbey
Floors Castle
Kelso
Broughton
Tinnis Castle
Drumelzier
Tinto Hills
Lamington
Clyde
Broadmeadows
Newark Castle
Newtown Saint Boswells
Saint Boswells
Woollen Trail
Eckford
Tweed
Teviot
Mountbenger
Bowhill House
Selkirk
Lilliesleaf
Ancrum
Bonjedward
Cessford
Jedburgh
Abington
Tweedsmuir
Broad Law
Megget Res.
St. Mary's Loch
Ettrick Forest
Ashkirk
Woollen Trail
Meggethead
Rodono Hotel
Crosslee
Denholm
Elvanfoot
White Coomb
Grey Mare's Tail
Ettrick Water
Ramseycleuch
Roberton
Hawick
Hobkirk
Teviotdale
Devil's Beef Tub
Watermeetings
Burnfoot
Craik
Moffat
Teviothead
Carter Bar
Beattock
Queensberry
Cauldcleuch Head
Peel Fell
Eskdalemuir
Hermitage
Hermitage Castle
Saughtree
Kielder
Annandale
Dinwoodie
Boreland
Kielder
Kielder Water
Kielder Forest
Esk
Parkgate
Newcastleton
Falstone
Amisfield Town
Lochmaben
Langholm
Lockerbie
Sighty Crag
Liddel Water
Lincluden College
Locharbriggs
Fallford
Collin
Hightae
Waterbeck
Roughsike
Bewcastle
Dumfries
Ecclefechan
Canonbie
Northumberland
Sweetheart Abbey
Carrutherstown
Ruthwell
Annan
Kirkpatrick-Fleming
Easton
Longtown
Kirkcambeck
Irthing
Gretna
Gretna Green
Hadrian's Wall
Lanercost Priory
Greenhead
Haltwhistle
New Abbey
Blackshaw
Cummertrees
Smithfield
Brampton
Naworth Castle
Caerlaverock Castle
Port Carlisle
Blackford
Plenmeller
South Tyne
Criffel
Kirkbean
Solway Firth
Kirkbride
Hallbankgate
Lambley
Cold Fell
Thurstonfield
Carlisle
Wetheral
Silloth
Southerness
Abbeytown
Eden
Beckfoot
Thursby
Dalston
Wigton
Gaitsgill
Red Dial
High Hesket
Alston
Allonby
Aspatria
Mealsgate
Kirkoswald
Garrigill
Ellen
Bothel
Caldbeck
Cumberland
Maryport
Gilcrux
Carrock Fell
Plumpton
Melmerby
Cross Fell
Langwathby
Wordsworth House
Bassenthwaite
Skiddaw
Broughton
Cockermouth
Greystoke
Penrith
Cumbrian Mountains
Castlerigg Stone Circle
Penruddock
Cow Green
Bassenthwaite Lake
Workington
Threlkeld
Temple Sowerby
Dufton
Lorton
Keswick
Pooley Bridge
Distington
Derwent Water
Ullswater
Appleby-in-Westmorland
Whitehaven
Lamplugh
Crummock Water
Buttermere
Saint Bees Head
Cleator Moor
Borrowdale
Thirlmere
Helvellyn
Glenridding
Shap
Ennerdale Water
Scale Force
Honister Pass
Haweswater Res.
Egremont
High Street
Kirkstone Pass
Orton
Saint Bees
Lake District National Park
Grasmere
Lune
Wast Water
Scafell Pike
Ambleside
Kentmere
Tebay
Ravenstonedale
Gosforth
Hardknott Fort
Lake District
Seascale
Little Langdale
Troutbeck Bridge
Eskdale
143

D
E
F
1
2
3
4
5
6
10 mi
10 km
In the U.K. distances in miles
N O R T H
S E A
Berwick-upon-Tweed
Chirnside
Manderston House
Allanton
Paxton House
Tweedmouth
Scremerston
Horncliffe
Norham
Swinton
Leitholm
Coldstream
Cornhill
Crookham
Haggerston
Holy Island
Castle
Farne Islands
Bamburgh
Budle
North Sunderland
Beadnell
Lowick
Fenwick
Milfield
Doddington
Belford
Kilham
Wooler
Chatton
Chillingham
Snook Point
Embleton
Dunstanburgh Castle
Craster
Preston
Eglingham
The Cheviot
Wooperton
Ingram
Powburn
Hulne Priory
North Charlton
Longhoughton
Cushat Law
Whittingham
Alnwick
Castle
Leebury
Shilbottle
Northumberland
Callaly
Edlingham
Warkworth
Amble
Alwinton
Netherton
Swarland Estate
Longframlington
Acklington
Felton
Rothbury
Redesdale Camp
National
Red Row
Cresswell
Longhorsley
Nunnykirk
Otterburn
Elsdon
Ellington
Ulgham
Beacon Point
Newbiggin-by-the-Sea
Ashington
Gatehouse
West Woodburn
Ridsdale
Park
Knowesgate
Hartburn
Milford
Cambo
Morpeth
Whalton
Bedlington
Blyth
Stannington
Belsay
Wark
Cramlington
Seaton Delaval
North East England
Ponteland
Whitley Bay
Humshaugh
Matfen
Heugh
Tynemouth
Hadrian's Wall
Darras Hall
Vercovicium
Low Brunton
Gosforth
South Shields
Jarrow
Bardon Mill
Corbridge
Newburn
NEWCASTLE UPON TYNE
Haydon Bridge
Hexham
Blaydon
Prudhoe
Boldon
Whitburn
Riding Mill
Whickham
Gateshead
Washington
Slaley
Rowlands Gill
SUNDERLAND
Allendale Town
Minsteracres
Beamish
Stanley
Pelton
Ijmuiden
Derwent Res.
Finchale Priory
Houghton-le-Spring
Blanchland
Chester-le-Street
Seaham
Edmundbyers
Consett
Murton
Hetton-le-Hole
Lanchester
Easington Colliery
Allenheads
Ushaw Moor
Peterlee
Nenthead
Esh Winning
Durham
Shotton
Cowshill
Stanhope
Tow Law
Brandon
Blackhall
St. John's Chapel
Wheatley Hill
Wingate
Wolsingham
Crook
Trimdon
Willington
Elwick
Spennymoor
Fishburn
Langdon Beck
Witton-le-Wear
Hartlepool
High Force
Ferryhill
Sedgefield
Newbiggin
Bishop Auckland
Redcar
Teesdale
Etherley
Shildon
Middleton-in-Teesdale
Mickleton
Newton Aycliffe
Billingham
Raby Castle
Staindrop
MIDDLESBROUGH
Eston and South Bank
Cotherstone
Stockton-on-Tees
Barnard Castle
Winston
Thornaby
Egglescliffe
Piercebridge
Guisborough
Darlington
Eggleston Abbey
Bowes
Great Ayton
Kirkby Stephen
Hurworth-on-Tees
Crathorne
Stokesley
Scotch Corner
Cockayne Ridge
Keld
Reeth
Richmond
Whorlton
Mount Grace Priory
Catterick Bridge
Seave Green
A1(M)
E15
E18
NCL
MME

KARTENLEGENDE

- 18 26 — Autobahn mit Anschlussstellen / Motorway with junctions
- Autobahn in Bau / Motorway under construction
- Mautstelle / Toll station
- Raststätte mit Übernachtung / Roadside restaurant and hotel
- Raststätte / Roadside restaurant
- Tankstelle / Filling-station
- Autobahnähnliche Schnellstraße mit Anschlussstelle / Dual carriage-way with motorway characteristics with junction
- Fernverkehrsstraße / Trunk road
- Durchgangsstraße / Thoroughfare
- Wichtige Hauptstraße / Important main road
- Hauptstraße / Main road
- Nebenstraße / Secondary road
- Eisenbahn / Railway
- Autozug-Terminal / Car-loading terminal
- Zahnradbahn / Mountain railway
- Kabinenschwebebahn / Aerial cableway
- Eisenbahnfähre / Railway ferry
- Autofähre / Car ferry
- Schifffahrtslinie / Shipping route
- Landschaftlich besonders schöne Strecke / Route with beautiful scenery
- Alleenstr. — Touristenstraße / Tourist route
- XI-V — Wintersperre / Closure in winter
- Straße für Kfz gesperrt / Road closed to motor traffic
- 8% — Bedeutende Steigungen / Important gradients
- Für Wohnwagen nicht empfehlenswert / Not recommended for caravans
- Für Wohnwagen gesperrt / Closed for caravans
- Besonders schöner Ausblick / Important panoramic view
- *Wartenstein* *Umbalfälle* — Sehenswert: Kultur - Natur / Of interest: culture - nature
- Badestrand / Bathing beach
- Nationalpark, Naturpark / National park, nature park
- Sperrgebiet / Prohibited area
- Kirche / Church
- Kloster / Monastery
- Schloss, Burg / Palace, castle
- Moschee / Mosque
- Ruinen / Ruins
- Leuchtturm / Lighthouse
- Turm / Tower
- Höhle / Cave
- Ausgrabungsstätte / Archaeological excavation
- Jugendherberge / Youth hostel
- Allein stehendes Hotel / Isolated hotel
- Berghütte / Refuge
- Campingplatz / Camping site
- Flughafen / Airport
- Regionalflughafen / Regional airport
- Flugplatz / Airfield
- Staatsgrenze / National boundary
- Verwaltungsgrenze / Administrative boundary
- Grenzkontrollstelle / Check-point
- Grenzkontrollstelle mit Beschränkung / Check-point with restrictions
- ROMA — Hauptstadt / Capital
- VENEZIA — Verwaltungssitz / Seat of the administration
- MARCO POLO Erlebnistour 1 / MARCO POLO Discovery Tour 1
- MARCO POLO Erlebnistouren / MARCO POLO Discovery Tours
- 1 — MARCO POLO Highlight / MARCO POLO Highlight

FÜR IHRE NÄCHSTE REISE ...

ALLE **MARCO POLO** REISEFÜHRER

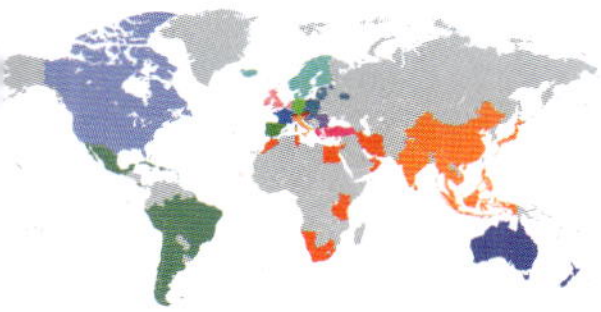

DEUTSCHLAND
Allgäu
Bayerischer Wald
Berlin
Bodensee
Chiemgau/Berchtesgadener Land
Dresden/Sächsische Schweiz
Düsseldorf
Eifel
Erzgebirge/Vogtland
Föhr & Amrum
Franken
Frankfurt
Hamburg
Harz
Heidelberg
Köln
Lausitz/Spreewald/Zittauer Gebirge
Leipzig
Lüneburger Heide/Wendland
Mecklenburgische Seenplatte
Mosel
München
Nordseeküste Schleswig-Holstein
Oberbayern
Ostfriesische Inseln
Ostfriesland/Nordseeküste Niedersachsen/Helgoland
Ostseeküste Mecklenburg-Vorpommern
Ostseeküste Schleswig-Holstein
Pfalz
Potsdam
Rheingau/Wiesbaden
Rügen/Hiddensee/Stralsund
Ruhrgebiet
Schwarzwald
Stuttgart
Sylt
Thüringen
Usedom/Greifswald
Weimar

ÖSTERREICH SCHWEIZ
Kärnten
Österreich
Salzburger Land
Schweiz
Steiermark
Tessin
Tirol
Wien
Zürich

FRANKREICH
Bretagne
Burgund
Côte d'Azur/Monaco
Elsass
Frankreich
Französische Atlantikküste
Korsika
Languedoc-Roussillon
Loire-Tal
Nizza/Antibes/Cannes/Monaco
Normandie
Paris
Provence

ITALIEN MALTA
Apulien
Dolomiten
Elba/Toskanischer Archipel
Emilia-Romagna
Florenz
Gardasee
Golf von Neapel
Ischia
Italien
Italienische Adria
Italien Nord
Italien Süd
Kalabrien
Ligurien/Cinque Terre
Mailand/Lombardei
Malta & Gozo
Oberital. Seen
Piemont/Turin
Rom
Sardinien
Sizilien/Liparische Inseln
Südtirol
Toskana
Venedig
Venetien & Friaul

SPANIEN PORTUGAL
Algarve
Andalusien
Azoren
Barcelona
Baskenland/Bilbao
Costa Blanca
Costa Brava
Costa del Sol/Granada
Fuerteventura
Gran Canaria
Ibiza/Formentera
Jakobsweg Spanien
La Gomera/El Hierro
Lanzarote
La Palma
Lissabon
Madeira
Madrid
Mallorca
Menorca
Portugal
Spanien
Teneriffa

NORDEUROPA
Bornholm
Dänemark
Finnland
Island
Kopenhagen
Norwegen
Oslo
Schweden
Stockholm
Südschweden

WESTEUROPA BENELUX
Amsterdam
Brüssel
Cornwall & Devon
Dublin
Edinburgh
England
Flandern
Irland
Kanalinseln
London
Luxemburg
Niederlande
Niederländische Küste
Oxford
Schottland
Südengland

OSTEUROPA
Baltikum
Budapest
Danzig
Krakau
Masurische Seen
Moskau
Plattensee
Polen
Polnische Ostseeküste/Danzig
Prag
Slowakei
St. Petersburg
Tallinn
Tschechien
Ungarn
Warschau

SÜDOSTEUROPA
Bulgarien
Bulgarische Schwarzmeerküste
Kroatische Küste Dalmatien
Kroatische Küste Istrien/Kvarner
Montenegro
Rumänien
Slowenien

GRIECHENLAND TÜRKEI ZYPERN
Athen
Chalkidikí/Thessaloníki
Griechenland Festland
Griechische Inseln/Ägäis
Istanbul
Korfu
Kos
Kreta
Peloponnes
Rhodos
Sámos
Santorin
Türkei
Türkische Südküste
Türkische Westküste
Zákinthos/Itháki/Kefalloniá/Léfkas
Zypern

NORDAMERIKA
Chicago und die Großen Seen
Florida
Hawai'i
Kalifornien
Kanada
Kanada Ost
Kanada West
Las Vegas
Los Angeles
New York
San Francisco
USA
USA Ost
USA Südstaaten/New Orleans
USA Südwest
USA West
Washington D.C.

MITTEL- UND SÜDAMERIKA
Argentinien
Brasilien
Chile
Costa Rica
Dominikanische Republik
Jamaika
Karibik/Große Antillen
Karibik/Kleine Antillen
Kuba
Mexiko
Peru & Bolivien
Yucatán

AFRIKA UND VORDERER ORIENT
Ägypten
Djerba/Südtunesien
Dubai
Iran
Israel
Jordanien
Kapstadt/Wine Lands/Garden Route
Kapverdische Inseln
Kenia
Marokko
Marrakesch
Namibia
Oman
Rotes Meer & Sinai
Südafrika
Tansania/Sansibar
Tunesien
Vereinigte Arabische Emirate

ASIEN
Bali/Lombok/Gilis
Bangkok
China
Hongkong/Macau
Indien
Indien/Der Süden
Japan
Kambodscha
Ko Samui/Ko Phangan
Krabi/Ko Phi Phi/Ko Lanta/Ko Jum
Malaysia
Myanmar
Nepal
Peking
Philippinen
Phuket
Shanghai
Singapur
Sri Lanka
Thailand
Tokio
Vietnam

INDISCHER OZEAN UND PAZIFIK
Australien
Malediven
Mauritius
Neuseeland
Seychellen

Viele MARCO POLO Reiseführer gibt es auch als eBook – und es kommen ständig neue dazu!
Checken Sie das aktuelle Angebot einfach auf: www.marcopolo.de/e-books

REGISTER

In diesem Register sind alle im Reiseführer erwähnten Orte und Ausflugsziele aufgeführt. Gefettete Seitenzahlen verweisen auf den Haupteintrag.